이제 **오르비**가
학원을 재발명합니다

전화 : 02-522-0207   문자 전용 : 010-9124-0207   주소: 강남구 삼성로 61길 15 (은마사거리 도보 3분)

smart is sexy

Orbi.kr

오르비학원은

모든 시스템이 수험생 중심으로 더 강화됩니다.

모든 시설이 최고의 결과가 나올 수 있도록 설계됩니다.

집중을 위해 오르비학원이 수험생 옆으로 다가갑니다.

오르비학원과 시작하면

원하는 대학문이 가장 빠르게 열립니다.

전화 : 02-522-0207   문자 전용 : 010-9124-0207   주소 : 강남구 삼성로 61길 15 (은마사거리 도보 3분)

출발의 습관은 수능날까지 계속됩니다.
형식적인 상담이나
관리하고 있다는 모습만 보이거나
학습에 전혀 도움이 되지 않는
보여주기식의 모든 것을 배척합니다.

쓸모없는 강좌와 할 수 없는 계획을 강요하거나
무모한 혹은 무리한 스케줄로
1년의 출발을 무의미하게 하지 않습니다.
형식은 모방해도 내용은 모방할 수 없습니다.

smart is sexy

Orbi.kr

개인의 능력을 극대화 시킬 모든 계획이 오르비학원에 있습니다.

거미손

Series 6

독서/문학 심화편

거미
손

Series 6

독서/문학 심화편

CONTENTS

〈분석방법 이해하기〉 – "지문"

① 제일 중요한 내용

> 정의(개념) , 의문제기(답), 결과(인과), 계산식,
> 비례&반비례(~수록 ~하다), 문제상황&해결방안
> 조건(가정 ;~면[~ 경우,~때, ~따라] ~하다)

① 제일 중요한 내용

: 지문에서 제일 중요한 내용은 〈 〉로 표시합니다. 밑줄을 긋고 긋지 않는 것은 학생 개개인의 선택의 문제이나 적어도 어떤 기준으로 밑줄을 긋고 긋지 않는지는 분명하게 정리되어 있어야 시험장에서 막힘없이 구조를 파악할 수 있습니다. 별다른 기준이 없다면, 선생님의 기준을 활용해 보는 것을 추천!

　긴 지문일수록 정보들의 위계를 잡는 것이 매우 중요한데, 여기서 가장 핵심이 되는 〈 〉에 해당하는 미시 독해의 핵심 원리들은, 표시하는 동시에 꼭 이해하며 읽어 내려가는 연습을 해야 정확한 독해를 할 수 있습니다 ^^*

정의(개념) – Definition

: 정의는 지문의 핵심 키워드입니다. 선지에서 개념의 정의 자체를 그대로 끌고 와서 워딩을 구성하는 경우도 많기 때문에 특히 내용 일치–불일치 형 문제에서 시간을 줄이는 데 도움이 되죠. 정의엔 □□□를 하고 그에 해당하는 내용은 〈 〉로 처리하여 개념을 확인하면 핵심 내용을 정리하며 내용을 이해할 수 있고, 선지에서 다시 지문으로 올 때에도 쉽게 찾을 수 있어요.

의문제기(답) – Question & Answer

: 의문을 제기하는 유형은 크게 2가지가 있습니다. 처음 부분에서 앞으로 나올 내용의 주의를 환기하기 위해 독자에게 의문을 제기하며 궁금증을 유발하는 문장과 중간 부분에서 핵심 내용을 심화하기 위해 논지를 구체화하고 강조하는 문장으로 구분할 수 있죠. 대개 처음 부분에서 의문을 제기하는 경우에는 앞으로 나올 내용을 짐작하며 읽는 데 매우 결정적인 역할을 하므로 그에 대한 답을 찾아가며 읽으면 됩니다. 물론, 보통은 답은 바로 나오는 편이고 생각보다 간단하게 나옵니다. 그럼, 그 답이 이후 어떻게 구체화되고 심화되는지를 잘 따라가면 3점짜리 어려운 문항에 도 쉽게 접근할 수 있습니다.

또, 중간 이하에서 나오는 의문제기&답변의 유형은 그에 대한 답을 찾는 것 자체가 핵심이 되죠. 중간 이하에서 질문을 제기할 땐 처음에 던져놓은 화두를 바탕으로 구체화한 개념을 한 단계 심화해서 어렵게 접근하려는 내용이 구성되기 때문에 가장 어려운 〈보기〉 문항과 연결될 가능성이 높습니다.

결과(인과) – Effect

: 인과는 사실 '원인'과 '결과' 모두가 중요합니다. 실제 선지에선 둘 다 중요한 비중으로 오답과 정답의 근거로 구성되기 때문이죠. 그렇지만, 원인과 결과의 기호를 구분한 이유는 실제로 문장에서 위계를 나눌 땐 그 문단의 결과 문장에 주목하면 핵심 내용을 이해하는 데 훨씬 도움이 되기 때문이에요. 그리고 머릿속에서 정보를 정리하는 과정 중에도 원인과 결과를 나눠서 상황을 분석하는 연습을 하면 체계를 잡기가 훨씬 수월해집니다. 보통, '따라서, 그 결과, 결국, 그리하여~'등의 표지어로 확인할 수 있고, 이런 문장들은 꼭 이해하고 넘어가셔야 해요. ^^

계산식 – Formula

: 계산식은 반드시 가장 어려운 문제의 핵심 아이디어 중 하나로 출제됩니다. 글로 써진 수식들은 분수나 공식으로 바꾸어 정리해두면 비례&반비례 관계를 파악하는 데 매우 편리하죠. 이 때, 계산식의 변수들이 무엇인지 어떤 관계인지는 꼭 이해하며 독해해야 합니다.

비례 – Proportion & 반비례 – Inverse Proportion

: 비례&반비례 개념이 나올 때는 앞서 언급한 것처럼 화살표로 정리하는 것을 추천하고, 시험지의 빈 공간에 개념들을 정리해서 일련의 관계를 파악하는 것을 권합니다. 보통 '~수록 ~하다'라는 문장으로 표시되니 이런 표현이 나오면 별표부터!

문제상황 – Problem &해결방안 – Solution

: 수능 독서 지문의 목표는 대개 주어진 문제 상황을 어떻게 해결하는지를 얼마나 잘 파악하고, 그에 따라 구체화되거나 심화된 내용을 얼마나 잘 적용할 수 있는지를 묻는 것입니다. 그러므로, 모든 갈래를 통틀어 가장 많이 나오는 유형인데, 문제 상황이 발생했을 땐 문제의 원인은 무엇이고 내용은 무엇인지 또 그를 어떻게 해결하고 있는지 그 해결 양상에 주

목하여 독해를 하면 고난도 지문의 독해를 완성할 수 있는 힘을 기를 수 있어요!

조건(If) – If/Condition

: 조건문은 과학/기술/사회 지문에서 가장 빈번하게 나오는 유형입니다. 이들 지문은 내용이 생소하고 어려운 경우가 많아 만약의 상황을 가정하여 그에 해당하는 조건들을 제시한 후 결과를 이어서 제시합니다. 조건문의 경우 반드시 그에 따른 결과가 출제 포인트가 되므로 꼭 연결해서 확인해야 하죠. 인과와 유사하게 조건과 결과는 글의 타당성을 보충하는 가장 중요한 논리입니다. 보통 '~면, ~ 경우, ~할 때, ~따라' 등의 표지어로 확인이 가능해요.

② 생략 가능한 내용
예시, 가정(~라고 하자)
계산, 구체적 수치, 원인(인과), 부연

② 생략 가능한 내용

: (   )는 기호의 원래 쓰임 그대로 생략 가능한 내용을 표시하는 데 쓰입니다. 물론, 수능 독서 지문에서 중요하지 않은 문장은 없습니다. 막상 선지에선 지문의 모든 문장이 출제되기 때문이죠. 그렇지만 독해를 하는 과정에선 특히, 긴 지문의 경우에는 정보의 위계를 파악할 필요가 있습니다. 그러므로 생략이 가능하다는 것은 중요하지 않다는 것을 의미하는 것이 아니죠..

막상 (   )의 내용들 중 가장 어려운 문제로 출제되는 경우도 허다하기 때문이죠. 그렇다면 괄호의 기준은 무엇일까요?

바로, '반복되는 내용'일 때와 '자세하고 구체적인 정보'일 때입니다. 재진술된 정보들이요. 보통 예시와 가정이 나올 땐 앞에 나온 정의를 다시 설명하기 위해 제시되는 경우가 많은데, 이 때, 앞 내용이 이해가 되었다면 예시와 가정은 개념의 이해를 돕기 위한 실례이므로 괄호하고 눈으로 읽어가며 독해해도 됩니다.

또, 자세하고 구체적인 정보는 가장 어려운 문제의 핵심 워딩으로 반복되는 경우가 많습니다. 그렇다고 시험장에서 긴 지문의 세부 정보를 세세히 다 이해하며 읽는 것은 매우 힘든 일이죠. 그러므로 지문의 위계를 잡고 세부 정보는 문제를 풀 때 다시 확인하는 것을 추천합니다.

예시(Ex) – Example

: 예시는 지문을 이해하는 데 큰 도움을 줍니다. 그래서 어렵고, 추상적인 개념이 나올 경우 지문에서는 꼭 구체적인 예를 들어 독자의 이해를 돕는데, 이 때 1~2줄 정도의 예시는 가볍게 괄호하고 눈으로 읽으며 가면 됩니다. 그러나, 3~4줄 이상의 세부적인 정보들이 가득 찬 예시가 제시될 경우엔 괄호 표시 후 꼭 별표를 해두어야 합니다. 반드시 단독 문제로 심화 개념이 출제될 수 있기 때문이죠. 보통 '예를 들어, 가령' 등의 표지어로 표시됩니다.

가정 – Suppose

: 가정은 예시와 비슷하지만, 예시보다 훨씬 중요한 개념입니다. 독해를 하다 '~라고 하자'라는 표지어가 있다면 일단 별표부터 하고 내용을 파악해야 하는데, 대개는 내용의 상술이 이루어지기 때문에 크게 괄호로 묶고 파악하는 것이 정보의 위계를 잡는 데 더 도움이 됩니다. 예시는 앞서 언급한 개념의 신빙성을 증명하기 위한 정도의 정보라면, 가정은 개념의 타당성을 증명한 후 그 개념에 맞춰 가상으로 만들어 낸 예시이므로 100% 출제됩니다. 그것도 가장 어려운 아이디어로요!

계산 – Calculation

: 계산식은 〈 〉였습니다. 계산식에서 어떤 변수들이 사용되었고, 그들의 관계가 비례인지 반비례인지는 매우 중요한 정보이기 때문에 독해할 때 반드시 가져가야 하는 정보이기 때문이죠. 그러나, 이것을 가지고 계산하기 시작하면 괄호부터 할 필요가 있습니다.

그 이유는 문제로 출제되지 않아서가 아니라 숫자를 바꿔 응용하는 심화 개념의 어려운 문제가 출제될 수 있기 때문입니다. 다시 말하지만 (   )는 문제를 풀 때 다시 읽어야 하는 중요하고 구체적인 정보일 때 표시하는 기호라는 걸 명심하세요!

구체적 수치 – Figure

: 구체적 수치는 구체적 년도, kg, m/s, cm, ℃ 등등처럼 말 그대로 구체적 정보를 뜻합니다. 이런 정보들은 선지에서 워딩 그대로 나오는 경우가 대부분이므로 괄호하고 넘어간 뒤 문제를 풀 때 다시 한 번 확인해가며 푸는 것을 추천합니다.

원인 – Cause

: 원인은 앞서 언급했듯 결과와 구분하기 위해 기호를 달리 표시한 거에요. 고난도 독해가 가능하려면 '원인'과 '결과'를 정확히 파악하는 연습이 꼭 필요합니다. 결과 문장을 보고, 이 현상의 원인이 왜 일어났는지를 생각해가며 독해하는 습관을 기르는 것이 독해력을 상승시키는 데 매우 중요하죠.

　보통 '왜냐하면, ~ 때문에, 그로인해, ~ 때문이다.' 등의 표지어로 표기되지만 표지어보다 논리 관계를 생각하는 훈련이 훨씬 중요합니다.

부연 – Add

: 부연 설명은 말 그대로 앞의 개념을 받아 구체화하거나 심화하는 기능을 갖습니다. 이 때, 중요하게 생각해야 하는 것은 앞의 내용과 그 다음 문장 간의 관계인데 부연 설명으로 이어지는 과정에서 어떻게 내용이 구체화되었는지, 워딩을 어떻게 바꿨는지, 추가했는지, 삭제했는지 등을 또렷하게 파악하며 읽어야 선지에서도 막힘없이 문제를 풀 수 있습니다.

　보통 '이는, 이를 통해, 이에 따라, 다시 말하면, 곧, 즉, 게다가, 바꿔 말하면~' 등의 표지어로 표기되죠.

```
　　　　　　　　③ 예외
　　　　　　예외적으로, 단, 다만
```

③ 예외

: 이 문장은 쉽게 누락하고 독해하는 경우가 있어 선지에서 실수를 유발하는 경우가 종종 있어요. 그래서 대괄호로 표시하여 이전 핵심 개념과 대조되는 예외적 내용임을 확인하며 읽는 것이 실수를 줄이는 좋은 방법이 될 수 있습니다.

〈분석방법 이해하기〉 – "선지"

① 논리부정 (상반)

A ↔ not A

: 지문에서 "A"라고 제시했던 내용들을 선지에선 "not A"로 표시한 경우입니다. 가장 많은 오답의 근거로 만들어지는 원리이며 대부분은 쉽게 찾아낼 수 있는 내용이기도 해요. 일치·불일치나 개념 이해를 묻는 문제 등 문제 유형은 다양하게 골고루 출제되는 선지 구성의 기준 방법입니다.

　애매하고 어려운 개념일수록 큰 틀에서 거시적으로 논리부정 방법으로 선지를 판별한 후, 미시적 내용을 파악해 보는 게 좋아요 ^^

② 인과 역전

(A→B ⇎ B→A)

: 인과 역전은 아무 생각없이 선지를 보다보면 쉽게 틀릴 수 있는 유형이에요. 본문에 나와 있는 내용이고, 일치·불일치도 맞게 보이기 때문이죠. 그렇지만, 선생님이 알려드린 방법으로 (원인) → 〈 결과 〉 분석해 본 친구들은 이 문제도 역시 쉽게 맞출 수 있을 거에요.

　지문에선 "A 때문에 B가 일어난 것"을, 선지에선 "B 때문에 A가 일어난 것"으로 인과를 바꾸는 형태인데, 세부적으로는

1) 선후관계 역전 : "A 다음 B가 일어난 것"을 "B 다음 A가 일어난 것"으로 바꾼 것

2) 대소관계 역전 : "A 보다 B가 더"를 "B 보다 A가 더"로 바꾼 것과 같은 경우들도 이 카테고리에 포함시켜서 분류했습니다.

③ 주체 왜곡

A&a, B&b → A&b, B&a

: 주체 왜곡은 말 그대로 "A"라는 주체를 잘못 설명한 경우를 말해요. 여기엔 대상인 "B"를 잘못 설명한 경우도 포함시켜 논의할텐데요. 이것도 크게 보면 '논리 부정'과 비슷해 보이는데 '논리 부정'의 경우에는 "A"라는 개념 자체에 대해 "적절한 것"을 "적절하지 않은 것"으로 설명한 것들이 포함되는 것이고요. 주체 왜곡의 경우는 "A라는 범주 안에 포함되는 a(A&a)", "B라는 범주 안에 포함되는 b(B&b)"를 "A라는 범주 안에 포함되는 b(A&b)"로 설명하는 거에요. 예를 들어, 17. 수능 반추위 지문같은 경우 (비섬유소 = 녹말) , (섬유소 = 셀룰로스) 이런식의 범주인데, (비섬유소 = 셀룰로스) 이런식의 구성으로 묶은 것과 같은 것들이요.

④ 논리곱/합

(and/or, 100%/예외O)

: 논리곱(and-교집합)과 논리합(or-합집합)은 종종 지문과 선지에서 나타나는 표현들인데, 무심코 정보들을 흘려보내는 학생들이 많아요. 그렇지만, 정답이나 오답이 되는 근거로 꽤 많이 그리고 어렵게 출제되니 별표해 두고 보는 걸 추천합니다.

　논리곱(and-교집합)은 '어떤'에 해당하는 내용 즉, '일반적으로, 보통, 대개' 등의 표현처럼 예외를 인정하는 표현 문장이에요. 논리합(or-합집합)은 '모든'에 해당하는 내용 즉, '100% 예외 없는 – 항상, 반드시, 모든, 모두' 등의 표현처럼 예외를 인정하지 않는 표현 문장이죠. 보통, 본문에서 논리곱으로 표현한 것을 선지에서 논리합으로 표현하는 식으로 둘을 서로 바꿔 출제하는 경우가 많습니다.

⑤ 오답/부재

: 오답/부재는 말 그대로 계산식의 경우 계산이 잘못되었거나, 답이 아예 지문에 존재하지 않거나 틀린 설명을 말해요. 극히 드물기 때문에 발견하면 쉽게 답을 고를 수 있어요.

거미손

Series 6

독서/문학 심화편

1

주차

독서

제재별 독해

사회 [법] ①, ②

[1~3] 다음 글을 읽고 물음에 답하시오.

넓은 바다에서 여러 사람을 태운 배가 난파하였다. 바다에 빠진 선원 A는 바다 위에 떠 있는 널판을 발견하였다. 널판은 한사람을 겨우 지탱할 만큼밖에 되지 않았다. 선원 A가 널판으로 헤엄쳐 갈 때, 마침 미처 붙잡을 만한 것을 찾지 못한 선원 B도 널판 쪽으로 헤엄쳐 왔다. 선원 A와 선원 B는 동시에 그 널판을 붙잡게 되었다. 두 사람이 계속 붙잡고 있다가는 널판이 가라앉을 것이기 때문에 선원 A는 둘 다 빠져 죽을까 걱정하여 선원 B를 널판에서 밀어내었다. 선원 B는 결국 물에 빠져 죽었고 선원 A는 구조되었다. 이는 고대 그리스의 철학자 카르네아데스가 만든 가상의 사건 '카르네아데스의 널'을 바탕으로 재구성한 사례이다. 이 사례는 윤리적으로 허용될 수 있는지도 논란거리가 되지만, 형법상 처벌되어야 하는지도 따져 볼 만하다.

범죄는 '(1) 구성요건에 해당하고, (2) 위법하며, (3) 유책한 행위'라고 정의된다. 이 세 가지 요소 가운데 하나라도 빠지면 범죄는 성립하지 않는다. 이 중 구성요건이란 형벌을 부과할 대상이 되는 위법한 행위를 형법에 유형화하여 기술해 놓은 것을 말한다. 예를 들면, 형법 제250조 제1항은 "사람을 살해한 자는 사형, 무기 또는 5년 이상의 징역에 처한다."라고 규정하는데, 여기서 사람을 살해한다는 것이 구성요건이다. 따라서 구체적인 사실이 구성요건에 해당할 때에는 일반적으로 위법하다.

구성요건에 해당하더라도 위법하다고 볼 수 없을 때가 있다. 잘 알려진 것으로는 정당방위, 긴급피난에 해당하는 경우가 있다. 정당방위는 자기 또는 타인의 법익을 현재의 위법한 침해로부터 방위하기 위하여 상당한 이유가 있는 행위를 하는 것을 말한다. 여기에는 법이 불법에 양보할 필요가 없다는 전제가 깔려 있다. 긴급피난은 자기 또는 타인의 법익에 대한 현재의 위난을 피하기 위하여 상당한 이유가 있는 행위를 하는 것을 말한다. 생명과 같이 대체할 수 없는 큰 법익을 지키기 위해 어쩔 수 없이 재산과 같은 법익을 희생시킨 일을 가지고 사회적인 해악을 일으킨 위법한 행위라 하지 않는 것이다. 긴급피난은 꼭 위법한 침해 행위로 일어난 위난에 대하여만 인정하는 것이 아니라는 점에서 정당방위와 다르다.

앞의 사례에서 선원 A와 선원 B가 동시에 널판을 잡은 행위는 저마다의 생명을 생각할 때 불가피한 일이었다. 이 상황은 선원 A의 입장에서 급박한 위난이었고, 선원 A의 이어진 행위는 위난을 피하는 데 절실한 것이었다. 이러한

선원 A의 행위에 대해 ㉠ 정당방위가 인정된다고 생각하는 이나, ㉡ 긴급피난이 성립하여 위법성이 없다고 파악하는 이가 있을지 모른다. 그러나 그 어느 쪽도 해당하지 않는다고 해야 한다.

우선 정당방위의 요건을 생각할 때 위난에 빠진 선원 B의 행위에 대한 선원 A의 행위를 정당방위로 볼 수는 없으며, 또한 긴급피난이 성립하려면 보호한 법익이 침해한 법익보다 훨씬 커야 하는데 이 사례는 여기에 해당하지 않는다. 그렇다고 해서 곧바로 선원 A에게 범죄가 성립한다고 단정할 수는 없다. 범죄가 성립하기 위해서는 '책임'이라고 하는 점도 고려해야 하기 때문이다. 범죄는 유책한 행위, 곧 행위자에게 책임을 물을 수 있는 행위여야 성립할 수 있는 것이다. 따라서 유책하지 않은 행위를 들어 형벌을 부과할 수 없다.

위법성은 개인의 행위를 법질서와의 관계에서 판단하는 것이어서, 행위자 개인의 특수성은 위법성 판단의 기준이 되지 않는다. 형법에서 위법한 행위를 한 행위자 개인을 비난할 수 있는가 하는 것이 바로 책임의 문제이다. 형법상 책임은 행위자에 대한 법적 비난 가능성의 문제인 것이다. 이는 구체적인 상황에서 행위자가 위법한 행위 말고 다른 행위를 할 수 있었겠는가 하는 기대 가능성으로 볼 수 있다. 적법한 행위를 할 수 있었는데도 위법한 행위를 한 데에 대하여는 윤리적인 비판뿐만 아니라 법적인 비난이 가해져야 하기 때문이다. '카르네아데스의 널'을 재구성한 사례에서 선원 A가 자신의 목숨을 희생하는 쪽을 선택하였다면 숭고한 선행임에 틀림없지만, 그렇게 하지 않은 데 대하여 윤리적인 비판은 몰라도 법적인 비난을 하기는 어렵다고 보는 것이 일반적이다.

01 사례에 관한 윗글의 이해로 적절한 것은?

① 선원 A나 선원 B의 행위는 모두 위난을 벗어나고자 한 것이라 할 수 있다.

② 선원 B가 만약 선원 A를 밀어 빠져 죽게 하였다면 그 행위는 범죄가 된다.

③ 선원 A와 선원 B의 행위는 형법상 살인죄의 구성요건에 해당 하지 않는다.

④ 선원 B에 대한 선원 A의 행위는 윤리적으로 타당하기 때문에 형법상 비난받지 않는 것이다.

⑤ 선원 A가 선원 B를 살리는 선택을 하였더라도 그것을 윤리적으로 드높은 덕행이라 할 수 없다.

02 ㉠, ㉡에 대해 추론한 내용으로 적절하지 <u>않은</u> 것은?

① ㉠은 선원 B의 행위가 위법한 침해라고 주장할 것이다.

② ㉠은 선원 A의 행위가 현재 자기에게 닥친 침해를 해결하려 한것이라고 주장할 것이다.

③ ㉡은 선원 B의 행위가 위법한 침해라고 주장하지 않아도 된다.

④ ㉡은 선원 A의 행위에 대한 범죄 성립 여부는 그의 책임에 대한 문제까지 따져야 결정될 것이라고 볼 것이다.

⑤ ㉠과 ㉡은 모두 선원 A의 행위가 현재 직면한 위난을 해결하는데 상당한 이유가 있는 것이었다고 볼 것이다.

03 윗글에 따를 때, 선원 A의 '책임'에 대한 설명으로 가장 적절한 것은?

① 구성요건에 해당하지 않는 행위는 책임을 따질 필요가 없기 때문에, 선원 A의 책임은 인정되지 않는다.

② 형법상 책임이 있다는 것은 적법한 다른 행위를 할 수 있는 상황임을 전제하기 때문에, 선원 A는 책임이 있다.

③ 선원 A의 책임 유무를 따지는 것은, 자신의 생명에 대한 위난을 피하기 위해 남의 생명을 침해한 행위가 위법하다고 인정되기 때문이다.

④ 유책하지 않은 행위에 대하여는 정당방위가 성립할 수 없기 때문에, 선원 A의 행위에 대하여는 정당방위를 따지지 않고 책임의 문제를 검토하는 것이다.

⑤ 선원 A의 행위가 위법한지는 따져 보지 않아도 되는 것은, 위법성은 행위에 대한 법규범적 판단인 데 반하여 책임은 행위자에 대한 윤리적인 비난 가능성을 검토하는 것이기 때문이다.

01

정답해설

① [4문단] A나 B가 동시에 널판을 잡은 행위는 생명을 위해 불가피한 일이었고, 이는 모두 위난을 벗어나고자 한 것이라 볼 수 있다.

오답해설

② [6문단] 지문에 따르면 선원 A의 행위는 유책한 행위라 볼 수 없어 범죄에 해당하지 않으므로, 그 반대의 경우인 선원 B가 이러한 행위를 할 경우에도 유책한 행위라 볼 수 없어 범죄에 해당하지 않는다.

③ [2문단] 선원 B는 사람을 죽이지 않았으므로 구성요건에 해당하지 않지만, 선원 A의 경우는 형법에 '사람을 살해한 자는 징역에 처한다'라고 규정해놓았으므로 구성요건에 해당한다.

④ [6문단] 선원 B에 대한 선원 A의 행위는 윤리적인 비판을 할 수도 있다. 윤리적 비판과 법적인 비난은 별개의 문제이다.

⑤ [6문단] 선원 A가 선원 B를 살리는 선택을 했다면 숭고한 선행, 즉 윤리적으로 드높은 덕행이라 할 수 있다.

02

정답해설

④ [3문단] ⓒ은 긴급 피난의 성립에 대한 문제이므로, 타인과 자신의 법익의 크기를 비교해야 하고, 책임에 대한 문제와 관련이 없다.

오답해설

① [3문단] 정당방위가 인정되기 위해서는 위법한 침해로부터 자기 또는 타인의 법익을 방위해야 하므로 선원 B의 행위가 위법한 침해라고 주장할 것이다.

② [3문단] 정당방위가 인정되기 위해서는 위법한 침해로부터 자기 또는 타인의 법익을 방위해야 하므로 선원 A의 행위가 현재 자기에게 닥친 침해를 해결하려 한 것이라고 주장할 것이다.

③ [3문단] 정당방위와 달리 긴급피난은 꼭 위법한 침해 행위로 일어난 위난에 대하여만 인정하는 것이 아니므로 선원 B의 행위가 위법한 침해라고 주장하지 않아도 된다.

⑤ [3문단] ⓐ과 ⓒ은 모두 선원 A의 행위가 현재 직면한 위난을 해결하는데 정당방위와 긴급피난의 기준에 해당하는 상당한 이유가 있는 것으로 볼 것이다.

03

정답해설

③ [2, 3문단] 선원 A의 책임 유무를 따지는 것은 그의 행위가 생명을 침해하는 구성요건에 해당되므로 위법하다고 인정되어서이다. 구성요건에 해당하고 정당방위와 긴급피난에 해당하지 않으므로 위법하다고 봐야한다.

오답해설

① [2, 6문단]구성요건에 해당하지 않는 행위, 즉 범죄가 아닌 행위는 책임을 따질 필요가 없다. 하지만 선원 A의 책임이 인정되지 않는 것은 기대 가능성 때문이지 이것 때문이 아니다.

② [6문단] 형법상 책임을 기대 가능성으로 볼 수 있지만, 선원 A는 기대 가능성의 측면에서 다른 행위를 할 수 없었으므로 책임이 있다고 볼 수 없다.

④ [3, 6문단] 책임은 형법에서 위법한 행위를 한 행위자에 대한 비난에 관한 것이므로, A의 행위에 대한 책임을 검토하는 것은 정당방위에 해당하지 않기 때문이다. 유책하지 않은 행위는 위법할 수도 있고, 위법하지 않을 수도 있기 때문에 정당방위가 성립할 수도 있다.

⑤ [6문단] 책임은 행위자에 대한 윤리적인 비난 가능성이 아닌 비난의 법적 가능성에 대한 문제이다.

[1~3] 다음 글을 읽고 물음에 답하시오.

현대 사회에서 국가는 개인의 권리와 이익에 영향을 주는 다양한 행정 작용을 한다. 이에 따라 국가 활동으로 인해 손해를 입은 개인을 보호할 필요성이 커지게 되었다. 국가배상 제도는 국가 활동으로부터 손해를 입은 개인을 보호하기 위해 국가에게 손해배상 책임을 지운다. 이 제도는 19세기 후반 프랑스에서 법원의 판결 곧 판례에 의해 도입된 이래, 여러 나라에서 법률 또는 판례에 의해 인정되었다. 우리나라도 국가배상법을 제정하여 공무원의 법을 위반한 직무 집행으로 손해를 입은 개인에게 국가가 그 손해를 배상하도록 하고 있다.

법관이 하는 재판도 국가 활동에 속하는 이상 재판에 잘못이 있을 때 국가가 전적으로 손해배상 책임을 지는 것이 타당하다고 볼 수도 있다. 그러나 재판에는 일반적인 행정 작용과는 다른 특수성이 있어 재판에 대한 국가배상 책임을 제한할 필요성이 인정된다. 그 특수성으로 먼저 생각할 수 있는 것은 재판의 공정성을 위하여 법관의 직무상 독립이 보장되고 있다는 점이다. 만일 법관이 재판을 함에 있어서 사실관계의 파악, 법령의 해석, 사실관계에 대한 법령의 적용에 잘못을 범하였다는 이유로 국가가 손해배상 책임을 지게 되면, 법관은 이러한 손해배상 책임에 대한 부담 때문에 소신껏 재판 업무에 임할 수 없게 될 것이다.

법적 안정성을 위하여 확정 판결에 기판력이 인정된다는 것도 재판의 특수성의 하나이다. 기판력은 당사자가 불복하지 않아서 판결이 확정되거나 최상급 법원의 판단으로 판결이 확정되면, 동일한 사항이 다시 소송에서 문제가 되었을 때 당사자가 이에 저촉되는 청구를 할 수 없고 법원도 이에 저촉되는 판결을 할 수 없게 되는 구속력을 의미한다. 이는 부단히 반복될 수 있는 법적 분쟁을 일정 시점에서 사법권의 공적 권위로써 확정하여 법질서를 유지하고자 하는 것이다. 만약 일단 기판력이 생긴 확정 판결을 다시 국가배상 청구의 대상으로 삼는 것을 허용한다면, 그것만으로도 법적 안정성이 흔들리게 되기 때문이다.

재판에는 심급 제도가 마련되어 있다는 점도 특수성으로 볼 수 있다. 심급 제도는 법원의 재판에 대하여 불만이 있는 경우 상위 등급의 법원에서 다시 재판을 받을 수 있도록 하는 제도이다. 소송 당사자는 법률에 의하여 정해진 불복 절차에 따라 상급심에서 법관의 업무 수행에 잘못이 있음을 주장하여 하급심의 잘못된 결과를 시정할 수 있다. 심급 제도와 다른 방식으로 잘못된 재판의 결과를 시정하는 것은 인정되지 않는다. 재판에 대한 국가배상 책임을 넓게 인정하면 심급 제도가 무력화되어 법적 안정성을 해치게 된다.

독일에서는 법관의 직무상 의무 위반이 형사법에 의한 처벌의 대상이 되는 경우에만 국가배상 책임이 인정된다고 법률에 명시하고 있다. 이와 달리 우리나라의 국가배상법에는 재판에 대한 국가배상 책임을 부정하거나 제한하는 명문의 규정이 없다. 따라서 재판에 대한 국가배상법의 적용 자체를 부정할 수는 없다. 그러나 ㉠ 우리 대법원은 다음과 같은 방식으로 재판에 대한 국가배상 책임의 인정 범위를 좁히고 있다. 먼저, 대법원은 비록 확정 판결이라고 하더라도 법관이 그에게 부여된 권한의 취지에 명백히 어긋나게 이를 행사하였다고 인정할 만한 특별한 사정이 있는 경우에는 재판의 위법성을 인정한다. 뇌물을 받고 재판한 것과 같이 법관이 법을 어길 목적을 가지고 있었다거나 소를 제기한 날짜를 확인하지 못한 것과 같이 법관의 직무 수행에서 요구되는 법적 기준을 현저하게 위반했을 때가 이에 해당한다. 따라서 법관이 직무상 독립에 따라 내린 판단에 대하여 이후에 상급 법원이 다른 판단을 하였다는 사정만으로는 재판의 위법성이 인정되지 않는다. 그리고 대법원에 따르면, 재판에 대한 불복 절차가 마련되어 있는 경우에는 이러한 절차를 거치지 않고 국가배상 책임을 묻는 것은 인정되지 않는다. 불복 절차를 따르지 않은 탓에 손해를 회복하지 못한 사람은 원칙적으로 국가배상에 의한 보호를 받을 수 없다는 것이다. 단, 불복 절차를 거치지 않은 것 자체가 법관의 귀책 사유로 인한 것과 같은 특별한 사정이 있으면 예외적으로 국가배상 책임을 물을 수 있다.

01 윗글의 내용과 일치하는 것은?

① 프랑스를 비롯한 여러 나라에서 국가배상 제도가 법률로 도입되었다.

② 최하위 등급의 법원이 한 판결도 국가배상 책임의 대상이 될 수 있다.

③ 사실관계 파악은 법관의 직무가 아니므로 국가배상 책임의 대상이 아니다.

④ 독일은 판례를 통해서만 재판에 대한 국가배상 책임의 인정 범위를 제한한다.

⑤ 우리나라의 국가배상법은 별도의 규정으로 재판에 대한 국가배상 책임을 제한한다.

02 ㉠의 입장에 대해 판단한 것으로 적절하지 <u>않은</u> 것은?

① 국가배상 청구가 심급 제도를 대체하는 불복 절차로 기능하는 것을 허용하지 않는다.

② 법적 절차를 거치지 않은 피해자의 권리를 법적 안정성의 유지를 위해 희생하는 것을 허용한다.

③ 판결이 확정되어 기판력이 발생하면 그 확정 판결로 인해 생긴 손해에 대해서는 국가배상 책임을 인정하지 않는다.

④ 법관이 법을 어기면서 이루어진 재판에 대해서는 법관의 직무상 독립을 보장하는 취지에 어긋나기 때문에 그 위법성을 인정한다.

⑤ 법관의 직무상 독립을 위해, 판결에 나타난 법관의 법령 해석이 상급 법원의 해석과 다르다는 것만으로 재판의 위법성을 인정하지 않는다.

03 〈보기〉의 사례에 대한 아래의 판단 중 적절한 것만을 있는 대로 고른 것은?

●보 기●

A는 헌법재판소에 헌법소원 심판을 청구하였다. A는 적법한 청구 기간 내인 1994년 11월 4일에 심판 청구서를 제출하였으나, 헌법재판소는 청구서에 찍힌 접수 일자를 같은 달 14일로 오인하였다. 헌법재판소는 적법한 청구 기간이 지났음을 이유로 하여 재판관 전원 일치의 의견으로 A의 심판 청구를 받아들이지 않는다는 결정을 하였다. 당시에는 헌법재판소의 결정에 대한 불복 절차가 마련되어 있지 않았기 때문에 A는 위 결정의 잘못을 바로잡을 수 없었다. A는 법을 위반한 헌법재판소 결정으로 인해 손해를 입었다고 하여 1997년에 법원에 국가배상 청구를 하였고, 2003년에 이 청구에 대한 대법원의 판결이 내려졌다.

ㄱ. 법관의 직무상 독립 보장만을 이유로 이 사건에서 국가배상 책임을 부인할 수는 없다.

ㄴ. 법원은 A의 심판 청구서가 적법한 청구 기간 내에 헌법재판소에 제출되었다고 보아 헌법재판소 결정의 위법성을 인정할 수 있다.

ㄷ. 1997년에는 헌법재판소의 결정에 대한 불복 절차가 마련되어 있지 않았기 때문에 A의 국가배상 청구는 법원이 받아들이지 않았을 것이다.

① ㄱ   ② ㄴ   ③ ㄷ

④ ㄱ, ㄴ   ⑤ ㄴ, ㄷ

01

정답해설

② [5문단] 재판에는 심급 제도가 마련되어 있어 재판에 불만이 있을 경우 상위 등급의 법원에서 다시 재판을 받을 수 있으므로, 불복 절차를 거치지 않고는 최하위 등급의 법원이 한 판결에 대해 국가배상의 보호를 받을 수 없다. 다만, 불복 절차를 거치지 않은 것이 법관의 잘못이라면 예외적으로 국가배상 책임을 물을 수 있다.

오답해설

① [1문단] 프랑스에서 국가배상 제도는 '판례'에 의해 도입된 것이다.

③ [2문단] 재판은 법관의 직무상 독립이 보장되고 있다는 점에서 특수성이 있고, 이로 인해 재판에 대한 국가배상 책임의 범위를 좁힐 필요가 있다. 법관이 '사실관계의 파악, 법령의 해석, 사실관계에 대한 법령의 적용'에 잘못을 범하였다는 이유로 국가가 손해배상 책임을 지게 되면 법관은 소신껏 재판 업무에 임할 수 없게 된다. 따라서 위 세 가지가 독립이 보장되는 법관의 직무를 의미함을 알 수 있다.

④ [5문단] 독일에서는 법관의 직무상 의무 위반이 형사법에 의한 처벌의 대상이 되는 경우에만 국가배상 책임이 인정된다고 '법률'에 명시하고 있다.

⑤ [5문단] 우리나라의 국가배상법에는 재판에 대한 국가배상 책임을 부정하거나 제한하는 명문의 규정이 없다.

	정답/오답의 기준				
문항 번호	논리부정 (상반) A → not A	인과 역전 A → B ←	주체 왜곡 A&a / B&b → A&b B&a	논리곱 / 합 (and / or) (100% / 예외)	오답 / 부재
①				V	
②					
③	V				
④				V	
⑤	V				

02

정답해설

③ ㉠은 법관이 그에게 부여된 권한의 취지에 명백히 어긋나게 이를 행사하였다고 인정할 만한 사정이 있는 경우에는 재판의 위법성을 인정한다. 따라서 해당 사정을 고려하지 않고 단지 기판력이 발생했을 때에 국가배상 책임의 대상이 되지 않는다고 서술한 선지의 내용은 ㉠의 입장과 다르다.

오답해설

① ㉠에 따르면 심급 제도가 마련되어 있는 경우에는 불복 절차를 거치지 않고 국가배상 책임을 묻는 것이 인정되지 않는다.

② ㉠은 법적 절차를 거치지 않은 피해자에 대해서도 국가배상 책임을 인정하게 된다면 법적 안정성이 흔들리게 된다고 본다. 따라서 법적 안정성의 유지를 위해서는 피해자의 권리가 희생될 수 있다고 보는 입장이다.

④ ㉠은 법관이 해당 직무 수행에서 요구되는 법적 기준을 현저하게 위반했을 경우 재판의 위법성을 인정하여 국가배상 책임을 청구할 수 있도록 허용한다.

⑤ ㉠은 법관이 해당 직무 수행에서 요구되는 법적 기준을 현저하게 위반했을 경우를 제외하고는 상급 법원이 다른 판단을 하였다는 사정으로는 재판의 위법성을 인정하지 않는다.

	정답/오답의 기준				
문항 번호	논리부정 (상반) A → not A	인과 역전 A → B ←	주체 왜곡 A&a / B&b → A&b B&a	논리곱 / 합 (and / or) (100% / 예외)	오답 / 부재
①					
②					
③	V				
④					
⑤					

03

④

ㄱ. 헌법재판소가 청구서에 찍힌 접수 일자를 오인하여 적합한 청구 기간이 지났음을 이유로 A의 심판 청구를 받아들이지 않은 경우이다. 법관의 직무 수행에 요구되는 법적 기준을 위반한 사례이므로 재판의 국가배상 책임이 인정된다.

ㄴ. 대법원은 A가 심판 청구서를 적법한 청구기간 내에 제출했다고 보고 헌법재판소 결정이 위법성을 띤다고 인정할 수 있다.

오답해설

ㄷ.   문단] 재판에 대한 불복 절차가 마련되어 있는 경우, 해당 절차를 따르지 않은 피해자에 대해서는 원칙적으로 국가배상에 의한 보호를 받을 수 없다고 설명하고 있다. 그러나 A와 같은 경우, 헌법재판소의 결정에 대한 불복 절차가 마련되어 있지 않았으므로 이 또한 국가배상 책임의 대상이 될 수 있는 것이다. 따라서 법원은 A의 국가배상 청구를 받아들이는 것이 적절하다.

문항 번호	논리부정 (상반) A → not A	인과 역전 A → B ←	주체 왜곡 A&a / B&b → A&b B&a	논리곱 / 합 (and / or) (100% / 예외)	오답 / 부재
				정답/오답의 기준	
ㄱ					
ㄴ					
ㄷ	V				V

1

문학

기출로 분석하기 - 2020. 수능 ①, ②

시 분석의 관점

문학 작품, 특히 시는 많은 학생들이 분석에 어려움을 느끼는 장르이다. 비유적 표현과 다양한 심상이 쓰이다 보니 원관념이 직접 드러나는 경우보다 간접적으로 드러나는 경우가 더 많기 때문인데, 게다가, 평가원에서 수능에 출제할 때에도 작품을 변형시키는 것이 불가능하기 때문에 작품을 파악하는 것에 많은 학생들이 부담을 느끼고 있다.

그러므로, 작품 분석의 관점을 갖는 것은 낯선 시에 대비할 수 있는 가장 좋은 방법이고, 이를 파악하는 방법은 서정이라는 갈래 자체의 특성에 주목하는 것!

1. 서정

서정의 갈래상 정의는 '작품 외적 세계의 개입 없이 이루어지는 세계의 자아화'이다. 즉, 작품 외부의 세계와는 관계 없이 작품 안의 자아가 세계를 어떻게 인식했는지가 작품의 근간을 이루고 있다. 그렇기 때문에 우리는 작품 안의 자아, 즉, 서정적 자아인 화자가 세계를 인식하는 태도, 정서적 반응 등을 통해 주제를 파악할 수 있다.

작품 분석	
내용	1. 화자
	2. 대상
	3. 시적상황 (객관적)
	4. 주관적 인식 (화자의 태도, 정서적 반응)
형식	5. 표현방법 (심상)

2. 시 분석 매뉴얼

분석의 기본은 '작품 외적 세계의 개입없이 이루어지는 세계의 자아화'이다. 즉, 객관적 세계를 어떻게 주관적으로 자아화하였는지를 파악하는 것이 매우 중요하다. 그러므로, 객관적 상황을 파악하고, 그것에 관해 화자가 어떻게 주관적으로 인식하였는가를 분석하면 문제에서 요구하는 정보를 명확하게 확인할 수 있다.

문학 분석의 기본은 '정반합(正反合)'이다. 흔히 철학에서 쓰는 개념이고, 독일 철학자 게오르크 헤겔의 사상을 반영하는 도식이다. 문학에 적용할 간단한 개념으로 설명하자면, '정반합의 변증법'에서의 '정(正)'은 '긍정(+)', '반(反)'은 '부정(−)', '합(合)'은 '부정의 부정'이다. 정명제는 반명제에 의해 부정되지만, 그렇다고 거짓이 되는 것이 아니며 합명제는 정명제와 반명제의 내용을 종합하여 더 확실한 사실을 보여줄 있다. 그러므로, 문학을 파악하는 관점에서 기본으로 갖춰야 하는 것은 '정'과 '반'을 구분해 내는 것, 그리고 그것이 어떻게 '합'을 이루는 지 파악해 보는 것에 주목해야 한다.

좀 더 실전적인 매뉴얼을 제시하자면, 다음과 같다.

[시적상황] : 시적 상황은 말 그대로 객관적인 현실(fact)를 뜻한다. 그러므로 글에서 표현하는 내용을 이미지화 시켜보면 실제로 벌어진 상황(fact)과 주관적 인식(상상)을 구분할 수 있다. 시를 대하는 기본적인 자세는 최대한 주관을 배제한 fact를 있는 그대로 보는 연습을 하는 것이다. 그런 다음 현실(fact)에 대해 구체화한 수식어가 없을 경우 정상적 상황(긍정), 비정상적 상황(부정)을 구분하는 것을 생각해야 한다.

[주관적인식(정서, 태도, 반응)] : 주관적 인식은 정서, 태도, 정서적 반응 모두를 아우르는 개념이다. 흔히 정서를 파악하는 것은 어렵지 않기 때문에

1) 서술어만 봐도 정서를 쉽게 파악할 수 있다. '기쁘다'고 하면 긍정적 시어, '슬프다'고 하면 부정적 시어인 것은 직관적으로 파악이 가능하다.

2) 서술어에서 정서를 드러내지 않을 때도 있다. → 목적어 확인

그럴 땐, 서술어의 '지각 동사'에 주목하면 된다. '지각 동사'에는 '알다, 깨닫다, 느끼다, 생각하다, 보다' 등이 있는데 이러한 단어가 서술어로 올 땐 긍정, 부정이 아닌 인식 그 자체를 드러낸다.

이 때, 서술어의 지각 동사를 체크한 다음 '목적어'를 확인하면 '인식의 내용, 인식의 대상'을 확인할 수 있다.

3) 정서 파악의 기본은 '수식어−관형어, 부사어'이다.

처음부터 '수식어 − 관형어, 부사어'를 언급하지 않은 이유는 대개 이것만 보는 학생들이 있기 때문이다. 그렇지만, 앞의 1)과 2) 과정을 거친 다음 수식하는 말을 파악하면 정확하고 빠르게 정서를 파악할 수 있다.

물론, 정서의 기본은 수식어에서 파악할 수 있지만, 거시적으로 정서를 파악할 땐 서술어 단위로 끊어서 보는 것이 좋다.

예를 들어, '하늘이 파랗다'라는 서술 그 자체는, 상황만 드러내는 것이지만(이 경우 정상적 상황이므로 긍정적 상황으로 보는 것이 가능하다), '하늘이 아프게 파랗다'라는 서술은 '아프게'라는 화자의 주관적 인식 때문에 상황에 관한 부정적 인식을 드러내는 표현이 되는 것이다.

소설 분석의 관점

소설 역시 시 문학처럼 작품을 분석하는 관점이 존재한다. 서정성이 강조되는 시와 달리 서사성이 강조되는 소설은 이러한 특성을 제대로 알고 접근해야 올바르게 작품을 분석할 수 있다. 평가원에서 정의하고 있는 '서사의 본질'을 바탕으로 소설 분석의 기본 관점에 대해 이해해보자.

1. 서사

소설은 '작품 외적 자아의 개입으로 이루어지는 자아와 세계의 대립'으로 이루어지는 문학이다. 즉, 서술자의 개입으로 이루어지는 인물과 그를 둘러싼 모든 것들의 대립과 갈등으로 만들어지는 문학이기에 이를 중심으로 작품을 분석하는 것은 소설 문제를 해결하는 데 있어 가장 중요한 기준이 된다.

작품 분석	
내용	1. 서술자 → 시점
	2. 인물
	3. 배경 / 소재
	4. 사건 → 갈등
형식	5. 서술방식

2. 소설 분석 매뉴얼

소설 분석의 기본은 결국 '갈등'이다. 수필이나 에세이가 아니기 때문에 개인적인 에피소드를 꺼내놓는 것처럼 보여도 그 안에 반드시 '갈등'이 내포되어 있다. 물론, 수능에는 전체 소설 작품의 일부분이 수록되기 때문에 모든 갈등을 다 보여줄 수는 없지만 대개는 소설의 장르적 특성을 잘 살린 문항을 출제하는 것이 수능의 목표이므로 갈등이 어떤 방식으로건 드러나기 마련이다. ('의식의 흐름'은 예외이고, 이 부분은 뒤에서 자세히 다룰 예정이다.)

앞서 언급한 문학 분석의 기본은 소설에도 그대로 적용된다. 갈등을 보건, 작품 속의 사건을 보건 항상

문학 분석의 기본은 '정반합(正反合)'이다. 흔히 철학에서 쓰는 개념이고, 독일 철학자 게오르크 헤겔의 사상을 반영하는 도식이다. 문학에 적용할 간단한 개념으로 설명하자면, '정반합의 변증법'에서의 '정(正)'은 '긍정(+)', '반(反)'은 '부정(−)', '합(合)'은 '부정의 부정'이다. 정명제는 반명제에 의해 부정되지만, 그렇다고 거짓이 되는 것이 아니며 합명제는 정명제와 반명제의 내용을 종합하여 더 확실한 사실을 보여줄 있다. 그러므로, 문학을 파악하는 관점에서 기본으로 갖춰야 하는 것은 '정'과 '반'을 구분해 내는 것, 그리고 그것이 어떻게 '합'을 이루는 지 파악해 보는 것에 주목해야 한다.

좀 더 실전적인 매뉴얼을 제시하자면, 다음과 같다.

[인물 파악] : 소설에서의 인물은 갈등의 중심이다. 서사의 정의에서 봤던 것처럼 '자아와 세계의 갈등' 중 '자아'에 해당하는 개념이기 때문이다. 그러므로, 인물이 나올 땐 일단 동그라미를 해 두면서 새로운 인물들이 추가될 때마다 어떤 새로운 갈등들이 일어나게 되는지 주목하며 읽어야 한다.

　서술 방식에 따라 인물의 내면 심리 제시 방법이 달라지므로, 직접 내면 심리를 말해주지 않는 관찰자 시점의 경우에는 인물의 대화와 행동 등을 보며 주된 심리를 파악하며 갈등에 대해 인물이 어떻게 대응하는가에 주목하며 읽어야 한다.

[배경 파악] : 시간적 배경과 공간적 배경은 문학 작품 분석의 기본이다. 특히 배경의 변화는 학생들이 잘 알아차리지 못하지만, 이에 따라 갈등이 전환되거나 고조되는 아주 중요한 계기가 되므로, 꼭 배경이 제시될 때마다 네모해가면서 체크하며 읽자!

[갈등 파악] : 갈등은 일단 인물(자아)과 그가 처하고 있는 배경(− 또 다른 인물도 가능 − 세계)이 서로 '정'과 '반'을 이루며 '합'을 만들어 내는 것이다. 갈등은 소설 구성단계에 따라 '발단−전개−위기−절정−결말'이 있으므로, 갈등은 고조되거나 해소될 것이고, 그러니 작품에 수록된 부분이 고조되는 지점에서 끝나는지 해소되는 지점에서 끝나는지를 파악하면 다음 갈등을 예상하며 읽을 수 있다. 이렇게 거시적으로 맥락을 이해하며 읽다보면, 전체 플롯이 보이게 되고 그럼 역시 작품 분석이 수월해진다.

[1~5] 다음 글을 읽고 물음에 답하시오.

(가)

동녁 두던 밧긔 크나큰 너븐 들히
만경(萬頃) 황운(黃雲)이 흔 빗치 되야 잇다
중양이 거의로다 **내노리 ᄒ쟈스라**
블근 게 여믈고 눌은 둙기 술져시니
술이 니글션졍 버디야 업슬소냐
전가(田家) 흥미ᄂᆞᆫ 날로 기펴 가노매라
살여흘 긴 몰래예 **밤블이 ᄇᆞᆯ가시니**
㉠ 게 잡ᄂᆞ 아희들이 그믈을 훗혀 잇고
호두포* 엔 구븨예 **아젹믈이 미러오니**
㉡ 돗ᄃᆞᆫ비 애내성(欸乃聲)*이 고기 ᄑᆞᄂᆞᆫ 댱식로다
경(景)도 됴커니와 **생리(生理)라 괴로오랴**

(중략)

어와 이 청경(淸景) 갑시 이실 거시런들
적막히 다든 문애 내 분으로 드려오랴
사조(私照)* 업다 호미 거즌말 아니로다
㉢ 모재(茅齋)*예 빗쵠 빗치 옥루(玉樓)라 다룰소냐
청준(淸樽)을 밧쎄열고 큰 잔의 ᄀᆞ득 브어
㉣ 죽엽(竹葉) ᄀᆞᄂᆞᆫ 술룰 둘빗 조차 거후로니
표연흔 일흥(逸興)이 져기면 ᄂᆞᆯ리로다
이적선(李謫仙) 이려ᄒᆞ야 ᄃᆞᆯ을 보고 밋치닷다
춘하추동애 경물이 아름답고
주야조모(晝夜朝暮)애 완상이 새로오니
㉤ 몸이 한가ᄒᆞ나 귀 눈은 겨를 업다
여생이 언마치리 백발이 날로 기니
세상 공명은 계륵이나 다룰소냐
ⓐ 강호 어조(魚鳥)애 새 밍세 깁퍼시니
옥당금마(玉堂金馬)*의 몽혼(夢魂)*이 섯긔엿다
초당연월(草堂煙月)의 시룸 업시 누워 이셔
촌주강어(村酒江魚)로 장일취(長日醉)룰 원(願)ᄒᆞ노라
이 몸이 이러구롬도 역군은(亦君恩)이샷다

　　　　　　　　　　　– 신계영, 「월선헌십육경가」 –

[A]

* 호두포 : 예산현의 무한천 하류.
* 애내성 : 어부가 노를 저으면서 부르는 노랫소리.
* 사조 : 사사로이 비춤.
* 모재 : 띠로 지붕을 이어 지은 집.
* 옥당금마 : 관직 생활.
* 몽혼 : 꿈.

(나)

　어촌(漁村)은 나의 벗 공백공의 자호(自號)다. 백공은 나

와 태어난 해는 같으나 생일이 뒤이기 때문에 내가 **아우**라고 한다. 풍채와 인품이 소탈하고 명랑하여 사랑할 만하다. **대과에 급제**하고 좋은 벼슬에 올라, 갓끈을 나부끼고 인끈을 두르고 필기를 위한 붓을 귀에 꽂고 나라의 옥새를 주관하니, 사람들은 진실로 그에게 원대한 기대를 하였으나, 담담하게 강호의 취미를 지니고 있다. 가끔 흥이 무르익으면, 「어부사」를 노래한다. 그 음성이 맑고 밝아서 천지에 가득 찰 것 같다. 증자가 상송(商頌)을 노래하는 것을 듣는 듯하여, 사람의 가슴으로 하여금 멀리 강호에 있는 것 같게 만든다. 이것은 그의 **마음에 사욕이 없어** 사물에 초탈하였기 때문에 소리의 나타남이 이와 같은 것이다.

　하루는 나에게 말하기를,

　"나의 뜻은 어부(漁父)에 있다. 그대는 어부의 즐거움을 아는가. **강태공**은 성인이니 **내가 감히** 그가 주 문왕을 만난 것과 같은 그런 만남을 기약할 수 없다. **엄자릉**은 현인이니 **내가 감히** 그의 깨끗함을 바랄 수는 없다. ㉮ 아이와 어른들을 데리고 갈매기와 백로를 벗하며 어떤 때는 낚싯대를 잡고, ㉯ 외로운 배를 노 저어 조류를 따라 오르고 내리면서 가는 대로 맡겨두고, 모래가 깨끗하면 뱃줄을 매어 두고 산이 좋으면 그 가운데를 흘러간다. ㉰ 구운 고기와 신선한 생선회로 술잔을 들어 주고받다가 해가 지고 달이 떠오르며 바람은 잔잔하고 물결이 고요한 때에는 배에 기대어 길게 휘파람을 불며, 돛대를 치고 큰 소리로 노래를 부른다. ㉱흰 물결을 일으키고 맑은 빛을 헤치면, 멀고 멀어서 마치 성사*를 타고 하늘에 오르는 것 같다. 강의 연기가 자욱하고 짙은 안개가 내리면, 도롱이와 삿갓을 걸치고 그물을 걷어 올리면 금빛 같은 비늘과 옥같이 흰 꼬리의 물고기가 제멋대로 펄떡거리며 뛰는 모습은 ㉲ 넉넉히 눈을 즐겁게 하고 마음을 기쁘게 한다. 밤이 깊어 구름은 어둡고 하늘이 캄캄하면 사방은 아득하기만 하다. 어촌의 등불은 가물거리는데 배의 지붕에 빗소리는 울어 느리다가 빠르다가 우수수하는 소리가 차갑고도 슬프다. …(중략)… 여름날 뜨거운 햇빛에 더위가 쏟아질 적엔 버드나무 늘어진 낚시터에 미풍이 불고, 겨울 하늘에 눈이 날릴 때면 차가운 강물에서 홀로 낚시를 드리운다. 사계절이 차례로 바뀌건만 어부의 즐거움은 없는 때가 없다.

　저 영달에 얽매여 벼슬하는 자는 구차하게 **영화**에 매달리지만 나는 만나는 대로 편안하다. 빈궁하여 고기잡이를 하는 자는 구차하게 **이익**을 계산하지만 나는 스스로 유유자적을 즐긴다. 성공과 실패는 운명에 맡기고, 진퇴도 오직 때를 따를 뿐이다. 부귀 보기를 뜬구름과 같이 하고

공명을 헌신짝 벗어 버리듯 하여, 스스로 세상의 물욕 밖에서 방랑하는 것이니, 어찌 시세에 영합하여 이름을 낚시질하고, 벼슬길에 빠져들어 생명을 가볍게 여기며 이익만 취하다가 스스로 함정에 빠지는 자와 같겠는가. ⓑ 이것이 내가 몸은 벼슬을 하면서도 뜻은 강호에 두어 매양 노래에 의탁하는 것이니, 그대는 어떻게 생각하는가?"

하니 내가 듣고 **즐거워하며** 그대로 기록하여 백공에게 보내고, 또한 나 자신도 살피고자 한다. 을축년 7월 어느 날.

– 권근, 「어촌기」 –

* 성사 : 옛날 장건이 타고 하늘에 다녀왔다고 하는 배.

01 ㉠~㉺에 대한 이해로 적절하지 **않은** 것은?

① ㉠에는 전원에서의 생활상이, ㉣에는 자연과 동화되는 삶이 나타난다.
② ㉡에는 한가로운 자연 속 흥취가, ㉅에는 고독을 해소하려는 의지가 나타난다.
③ ㉢에는 자연현상에서 연상된 그리움의 대상이, ㉨에는 배의 움직임에 따른 청아한 풍경이 나타난다.
④ ㉤에는 운치 있는 풍류의 상황이, ㉧에는 자연에서 누리는 흥겨운 삶의 모습이 나타난다.
⑤ ㉥에는 변화하는 자연에서 얻는 즐거움이, ㉧에는 생동감 넘치는 자연에서 느끼는 만족감이 나타난다.

02 〈보기〉를 바탕으로 [A]를 감상한 내용으로 적절하지 **않은** 것은? [3점]

●보 기●

17세기 가사 「월선헌십육경가」는 월선헌 주변의 16경관을 그린 작품으로 자연에서의 유유자적한 삶을 읊으면서도 현실적 생활 공간으로서의 전원에 새롭게 관심을 두었다. 그에 따라 생활 현장에서 볼 수 있는 풍요로운 결실, 여유로운 놀이 장면, 그리고 생업의 현장에서 느끼는 정서 등을 다양한 표현 방법을 통해 현장감 있게 노래했다.

① 전원생활에서 목격한 풍요로운 결실을 '만경 황운'에 비유해 드러냈군.
② 전원생활 가운데 느끼는 여유를 '내노리 ᄒᆞ쟈스라'와 같은 청유형 표현을 통해 드러냈군.
③ 전원생활의 풍족함을 여문 '블근 게'와 살진 '눌은 둙'과 같이 색채 이미지에 담아 드러냈군.
④ 전원생활에서의 현장감을 '밤블이 ᄇᆞᆯ가시니'와 '아젹믈이 미러오니'와 같은 묘사를 활용해 드러냈군.
⑤ 전원생활의 여유를 즐기면서도 생업의 현장에서 느끼는 고단함을 '생리라 괴로오랴'와 같은 설의적인 표현으로 드러냈군.

03 (나)의 '공백공'에 대한 설명으로 가장 적절한 것은?

① 시간에 따른 공간의 다채로운 모습을 제시하며 자신의 감정을 드러내고 있다.
② 상대의 말과 행동이 불일치함을 언급하여 자신의 결백을 입증하고 있다.
③ 상대에 대해 심리적 거리감을 느껴 자신의 생각 표현을 자제하고 있다.
④ 질문에 답변하며 현실에 대처하는 자신의 태도를 밝히고 있다.
⑤ 대상과 관련된 행위를 열거하며 자신의 무력감을 깨닫고 있다.

04 〈보기〉를 참고하여 (나)를 이해한 내용으로 적절하지 **않은** 것은?

----●보 기●----

「어촌기」의 작가는 벗의 말을 인용하여 자신의 생각을 드러내고 있다. 작가는 벗에 관한 이야기가 기록할 만한 가치가 있다는 근거를 벗과의 관계와 그의 성품에 대한 평을 통해 마련하고 있다. 이를 통해 작가는 자신이 추구하는 삶의 방향성과 가치관을 드러내며 벗의 생각에 공감하고 있다.

① 벗이 '영화'와 '이익'을 중시하는 삶을 거부한다는 것을 통해 벗의 가치관을 알 수 있군.

② 작가가 벗의 말을 '즐거워하며' 자신도 살피려 하는 것을 통해 작가는 벗의 생각에 공감하고 있음을 알 수 있군.

③ 작가가 벗을 '아우'로 삼고 있다는 것을 통해 벗이 추구하는 삶의 자세가 작가로부터 전해 받은 것임을 알 수 있군.

④ 벗이 '강태공'과 '엄자릉'을 들어 '내가 감히'라는 말을 언급한 것을 통해 그들의 삶에 미치지 못함을 스스로 인정하는 벗의 겸손한 성품을 알 수 있군.

⑤ 작가가 벗이 '대과에 급제'하여 기대를 받고 있는데도 '마음에 사욕이 없'다고 평한 것을 통해 벗의 말이 기록할 만한 가치가 있다고 여김을 알 수 있군.

05 ⓐ와 ⓑ를 비교한 내용으로 가장 적절한 것은?

① ⓐ는 '내'가 '강호'에서의 은거를 긍정하지만 정치 현실에 미련이 있음을, ⓑ는 '공백공'이 정치 현실에 몸담고 있지만 '강호'에 은거하려는 지향을 나타낸다.

② ⓐ는 '내'가 '강호'에서의 은거를 마치고 정치 현실로 복귀하려는 의지를, ⓑ는 '공백공'이 정치 현실에서 신뢰를 잃어 '강호'에 은거하려는 소망을 나타낸다.

③ ⓐ는 '내'가 '강호'에서 경치를 완상하며 정치 현실의 번뇌를 해소하려는 자세를, ⓑ는 '공백공'이 정치 현실과 갈등하여 '강호'에 은거하려는 자세를 나타낸다.

④ ⓐ는 '내'가 '강호'에서 늙어 감에 체념하면서도 정치 현실을 지향함을, ⓑ는 '공백공'이 정치 현실을 외면하면서 '강호'에 은거하려는 염원을 나타낸다.

⑤ ⓐ는 '내'가 '강호'에서 임금께 맹세하며 정치 현실의 이상을 실현하려는 태도를, ⓑ는 '공백공'이 정치 현실의 폐단에 실망하며 '강호'에 은거하려는 희망을 나타낸다.

[월선헌십육경가 - 신계영]

1) 동녁 두던 밧긔 크나큰 너븐 들히
   만경(萬頃) 황운(黃雲)이 흔 빗치 되야 잇다
   중양이 거의로다 내노리 ᄒᆞ쟈스라
   블근 게 여믈고 눌은 둙기 슬져시니
   술이 니글션졍 버디야 업슬소냐
   전가(田家) 흥미ᄂᆞᆫ 날로 기퍼 가노매라
   살여흘 긴 몰래예 밤블이 ᄇᆞᆰ가시니
   게 잡ᄂᆞᆫ 아희들이 그믈을 훗텨 잇고
   호두포 엔 구븨예 아젹믈이 미러오니
   돗ᄃᆞᆫ빗 애내성(欸乃聲)이 고기 ᄑᆞᄂᆞᆫ 당시로다
   경(景)도 됴커니와 생리(生理)라 괴로오랴
                        (중략)
2) 어와 이 청경(清景) 갑시 이실 거시런들
   적막히 다든 문애 내 분으로 드려오랴
   사조(私照) 업다 호미 거즌말 아니로다
   모재(茅齋)예 빗쵠 빗치 옥루(玉樓)라 다룰소냐
3) 청준(清樽)을 밧쎄열고 큰 잔의 ᄀᆞ득 브어
   죽엽(竹葉) ᄀᆞᄂᆞᆫ 술룰 들빗 조차 거후로니
   표연흔 일흥(逸興)이 져기면 ᄂᆞ리로다
   이적선(李謫仙) 이려ᄒᆞ야 둘을 보고 밋치닷다
   춘하추동애 경물이 아름답고
   주야조모(晝夜朝暮)애 완상이 새로오니
   몸이 한가ᄒᆞ나 귀 눈은 겨룰 업다
4) 여생이 언마치리 백발이 날로 기니
   세상 공명은 계륵이나 다룰소냐
   강호 어조(魚鳥)애 새 밍세 깁퍼시니
   옥당금마(玉堂金馬)의 몽혼(夢魂)이 섯긔엿다
   초당연월(草堂煙月)의 시름 업시 누워 이셔
   촌주강어(村酒江魚)로 장일취(長日醉)룰 원(願)ᄒᆞ노라
   이 몸이 이러구롬도 역군은(亦君恩)이샷다

☆ 행동 영역

- 서술자가 표면에 드러나 있는지 체크
- 시적 상황 파악 (객관적 상황) [시간/공간적 배경 확인] = (+) 긍정적 상황인지 or (-)부정적 상황인지 확인
- 주관적 인식 파악 (정서/태도/반응) = (+) 긍정적 태도인지 or (-) 부정적 태도인지 확인
- 제일 중요!! = 결국, 화자의 정서가 변화(- → + or + → -) 하는지 심화(- → -- or + → ++)하는지 파악하기

★ 사고 영역

[핵심 point] 월선헌십육경가
1) 시적 상황 :
   화자는 현재 긍정적 상황에 있다. 화자는 한가로운 어촌 마을의 풍경을 관찰하면서 자연에서 유유자적하는 삶을 즐기고 있다.
2) 정서/태도 : 긍정적 정서의 심화 (+ → ++)
   초반에 화자는 풍요로운 곡식(만경 황운)과 가을의 흥취(술)를 강조하며 긍정적 정서를 드러낸다. 이는 (중략) 이후의 밤에 달을 감상하면서도 변하지 않고, 술을 마시면서 풍류를 즐김으로서 긍정적인 정서는 심화된다.

[어촌기 - 권근]

1) 어촌(漁村)은 나의 벗 공백공의 자호(自號)다. 백공은 나와 태어난 해는 같으나 생일이 뒤이기 때문에 내가 아우라고 한다. 풍채와 인품이 소탈하고 명랑하여 사랑할 만하다. 대과에 급제하고 좋은 벼슬에 올라, 갓끈을 나부끼고 인끈을 두르고 필기를 위한 붓을 귀에 꽂고 나라의 옥새를 주관하니, 사람들은 진실로 그에게 원대한 기대를 하였으나, 담담하게 강호의 취미를 지니고 있다. 가끔 흥이 무르익으면, 「어부사」를 노래한다. 그 음성이 맑고 밝아서 천지에 가득 찰 것 같다. 증자가 상송(商頌)을 노래하는 것을 듣는 듯하여, 사람의 가슴으로 하여금 멀리 강호에 있는 것 같게 만든다. 이것은 그의 마음에 사욕이 없어 사물에 초탈하였기 때문에 소리의 나타남이 이와 같은 것이다.

2) 하루는 나에게 말하기를,
   "나의 뜻은 어부(漁父)에 있다. 그대는 어부의 즐거움을 아는가. 강태공은 성인이니 내가 감히 그가 주 문왕을 만난 것과 같은 그런 만남을 기약할 수 없다. 엄자릉은 현인이니 내가 감히 그의 깨끗함을 바랄 수

는 없다.

3) 아이와 어른들을 데리고 갈매기와 백로를 벗하며 어떤 때는 낚싯대를 잡고, 외로운 배를 노 저어 조류를 따라 오르고 내리면서 가는 대로 맡겨두고, 모래가 깨끗하면 뱃줄을 매어 두고 산이 좋으면 그 가운데를 흘러간다. 구운 고기와 신선한 생선회로 술잔을 들어 주고받다가 해가 지고 달이 떠오르며 바람은 잔잔하고 물결이 고요한 때에는 배에 기대어 길게 휘파람을 불며, 돛대를 치고 큰 소리로 노래를 부른다. 흰 물결을 일으키고 맑은 빛을 헤치면, 멀고 멀어서 마치 성사를 타고 하늘에 오르는 것 같다. 강의 연기가 자욱하고 짙은 안개가 내리면, 도롱이와 삿갓을 걸치고 그물을 걷어 올리면 금빛 같은 비늘과 옥같이 흰 꼬리의 물고기가 제멋대로 펄떡거리며 뛰는 모습은 넉넉히 눈을 즐겁게 하고 마음을 기쁘게 한다.

4) 밤이 깊어 구름은 어둡고 하늘이 캄캄하면 사방은 아득하기만 하다. 어촌의 등불은 가물거리는데 배의 지붕에 빗소리는 울어 느리다가 빠르다가 우수수하는 소리가 차갑고도 슬프다. …(중략)…

5) 여름날 뜨거운 햇빛에 더위가 쏟아질 적엔 버드나무 늘어진 낚시터에 미풍이 불고, 겨울 하늘에 눈이 날릴 때면 차가운 강물에서 홀로 낚시를 드리운다. 사계절이 차례로 바뀌건만 어부의 즐거움은 없는 때가 없다.

6) 저 영달에 얽매여 벼슬하는 자는 구차하게 영화에 매달리지만 나는 만나는 대로 편안하다. 빈궁하여 고기잡이를 하는 자는 구차하게 이익을 계산하지만 나는 스스로 유유자적을 즐긴다. 성공과 실패는 운명에 맡기고, 진퇴도 오직 때를 따를 뿐이다. 부귀 보기를 뜬 구름과 같이 하고 공명을 헌신짝 벗어 버리듯 하여, 스스로 세상의 물욕 밖에서 방랑하는 것이니, 어찌 시세에 영합하여 이름을 낚시질하고, 벼슬길에 빠져들어 생명을 가볍게 여기며 이익만 취하다가 스스로 함정에 빠지는 자와 같겠는가. 이것이 내가 몸은 벼슬을 하면서도 뜻은 강호에 두어 매양 노래에 의탁하는 것이니, 그대는 어떻게 생각하는가?"

7) 하니 내가 듣고 즐거워하며 그대로 기록하여 백공에게 보내고, 또한 나 자신도 살피고자 한다. 을축년 7월 어느 날.

☆ 행동 영역

◦ 수필 = 자아의 세계화 (일반화, 보편화시키는 것이 목적이므로, '교훈'을 찾아야 함)
◦ '자아' / '세계' 구분하기 = 주관적인 일을 어떻게 보편화 시키는지에 주목
◦ 핵심은 '세계화' = 고전수필의 경우, 마지막 부분에서 정리하는 교훈이 드러나면 꼭 표시!

★ 사고 영역

[핵심 point] 어촌기

1) 자아의 상황
화자는 '공백공'과 이야기를 나누고 있다. '공백공'은 어촌의 풍경들을 나열하며 자연 친화의 태도의 장점을 강조하고 있다. 화자 또한 이에 매우 공감하는 태도를 보인다.

2) 세계화된 상황
화자는 '공백공'이 얘기한 대로 부귀를 꺼리고, 자연과 친하게 지내는 삶을 긍정하고 있다. 화자이자 작가인 권근은 이를 기록하여 사람들에게 알리고자 한다.

01

정답해설

② (나)의 공백공은 자신의 뜻이 어부에 있다고 말하며 자연 속에서 유유자적하며 살아가는 삶을 긍정하고 있다. 따라서 ⓐ은 삶의 고독을 해소하려는 의지와는 관련이 없다.

오답해설

① ㉠에는 게를 잡는 아이들이 그물을 흝고 있는 가을날 전원의 풍경이 나타나 있으며, ㉾에는 공백공이 갈매기와 백로를 벗으로 여기며 자연을 즐기는 모습이 나타나 있다.

③ ㉢에서 화자는 임금에 대한 그리움을 나타내고 있으며, ㉧에서 공백공은 맑고 아름다운 자연의 풍경을 나타내고 있다.

④ ㉣에서 화자는 술을 마시기 위해 잔을 기울이는 것을 술잔에 비치어 있는 달빛을 기울인다고 말하며 자연 속에서 풍류를 즐기는 모습을 나타낸다. ㉤에는 공백공이 벗과 함께 구운 고기와 생선회를 안주로 술을 마시는 흥겨운 모습이 나타나 있다.

⑤ ㉥에서 화자는 경치를 즐기며 변화하는 자연을 완상하는 즐거움을 나타내고 있으며, ㉧에서 생동감 넘치는 자연에서 느끼는 만족감을 나타내고 있다.

정답/오답의 기준						
문항 번호	정서/태도 오류	상황(배경) 오류	주체 왜곡	갈등 오류	논리 오류	개념어 오류
	반대 서술, 문맥흐름X	시간적, 공간적배경 오류	주체/대상 오류	내용X, 문맥흐름X	보기 오류	O, X
①						
②	V					
③						
④						
⑤						

02

정답해설

⑤ '생리라 괴로오랴'는 설의법을 활용한 건 맞지만, 고단함이 아닌, 풍요로움과 여유로움을 강조하기 위한 표현이다.

오답해설

① '만경 황운'은 아주 넓은 들판에 벼가 누렇게 익은 모습을 나타낸 비유적 표현이므로, 선지의 서술은 적절하다.

② 화자는 중양절이 다가왔다고 말하며 '내노리'를 하자고 말하고 있는데, 이는 가을날 전원생활의 여유로움을 청유형 표현을 통

해 나타낸 것에 해당한다.

③ 화자는 가을이 되어 붉은 게가 여물었고 노란 닭이 살쪘다고 말하고 있는데, 이는 색채 이미지를 활용하여 전원생활의 풍족함을 드러낸 것에 해당한다.

④ 화자는 밝은 '밤블' 속에서 게를 잡는 아이들의 모습과 밀물이 밀려오는 호두포의 모습을 묘사하며 가을날 전원생활의 모습을 현장감 있게 제시하고 있다.

정답/오답의 기준						
문항 번호	정서/태도 오류	상황(배경) 오류	주체 왜곡	갈등 오류	논리 오류	개념어 오류
	반대 서술, 문맥흐름X	시간적, 공간적배경 오류	주체/대상 오류	내용X, 문맥흐름X	보기 오류	O, X
①						
②						
③						
④						
⑤	V					

03

정답해설

① 공백공은 낮과 저녁, 깊은 밤, 그리고 여름날과 겨울날의 강물의 풍경을 제시하면서 자연과 함께 하는 삶에 대한 만족감을 드러내고 있다.

오답해설

② 공백공은 '나'의 말과 행동이 불일치함을 언급하고 있지 않다. 또한 자신의 결백을 입증하고 있는 것도 아니다.

③ 공백공은 자연에서 지내는 삶에 대해 자신의 생각을 직접적으로 드러낸 후 이러한 자신의 모습을 '나'가 어떻게 생각하는지에 대해 묻고 있다. 따라서 공백공이 대화의 상대인 '나'에게 심리적 거리감을 느껴 자신의 생각 표현을 자제하고 있다는 진술은 적절하지 않다. '심리적 거리감'이 있다는 말은, 두 사람 사이에 갈등이 있거나 사전에 알고 있던 사이가 아닐 때 사용하는 말이다.

④ 공백공은 강호에 뜻을 두고 노래에 의탁하는 자신의 삶에 대한 태도를 어떻게 생각하느냐고 '나'에게 묻고 있을 뿐, 질문에 답을 하고 있지는 않다.

⑤ 공백공은 자신의 무력감을 깨닫고 있지는 않다. 오히려, 자연에서의 자신의 삶을 긍정하고 있다.

정답/오답의 기준						
문항 번호	정서/태도 오류	상황(배경) 오류	주체 왜곡	갈등 오류	논리 오류	개념어 오류
	반대 서술, 문맥흐름X	시간적, 공간적배경	주체/대상 오류	내용X, 문맥흐름X	보기 오류	O, X

		오류				
①						
②	V					
③				V		
④						V
⑤	V					

04

정답해설

③ 작가는 공백공이 자신과 태어난 해는 같으나 생일이 늦기 때문에 자신이 그를 아우라고 부른다. 하지만, 그렇다고 해서 공백공이 작가로부터 삶의 자세를 전해 받은 내용은 나오지 않는다.

오답해설

① 공백공은 영달에 얽매여 벼슬하는 자와 달리 영화에 매달리지 않고 편안함을 추구하며, 빈궁하여 고기잡이를 하는 자와 달리 이익을 계산하지 않고 유유자적을 즐긴다고 말하고 있다. 이로 인해 공백공은 자연 친화적인 가치관을 지니고 있다고 할 수 있다.

② 작가는 자신이 공백공의 말을 기록한 것이 공백공의 말을 듣고 즐거움을 느꼈기 때문이라 밝힌 후, 작가 자신의 삶도 살펴보고자 한다고 말하고 있다. 이러한 작가의 말을 통해 작가가 공백공의 생각에 공감하고 있음을 알 수 있다.

④ 공백공은 강태공이 성인이기 때문에 자신이 강태공과 주 문왕이 만난 것과 같은 만남을 기약할 수 없으며, 엄자릉은 현인이기 때문에 자신이 엄자릉의 깨끗함을 바랄 수는 없다고 말하고 있다. 이는 공백공이 겸손한 성품을 지닌 인물임을 의미한다.

⑤ 작가는 공백공이 대과에 급제하여 좋은 벼슬에 올라 나라의 옥새를 주관하는 관직에 있음에도 불구하고 마음에 사욕이 없는 인물이다. 공백공에 대한 이러한 작가의 평가는 공백공의 말이 기록할 만한 가치가 있다고 여기는 작가의 생각이 반영된 것에 해당한다.

정답/오답의 기준

문항 번호	정서/태도 오류	상황(배경) 오류	주체 왜곡	갈등 오류	논리 오류	개념어 오류
	반대 서술, 문맥흐름X	시간적, 공간적배경 오류	주체/대상 오류	내용X, 문맥흐름X	보기 오류	O, X
①						
②						
③			V			
④						
⑤						

05

정답해설

① ⓐ에서 화자는 '강호 어조'와 한 맹세가 깊지만 관직 생활에 대한 꿈이 여전히 남아 있다고 말하고 있는데, 이는 화자가 '강호'에서의 은거를 긍정하지만 정치 현실에 미련이 있음을 알려 준다. ⓑ에서 공백공은 자신의 몸은 비록 관직에 있지만 뜻은 강호에 두고 노래를 통해 자신의 마음을 드러내고 있다고 말하고 있는데, 이를 통해 공백공이 강호에 은거하려는 지향을 지니고 있음을 알 수 있다.

오답해설

② ⓐ에서는 화자가 정치 현실로 복귀하려는 의지를 지니고 있음을 확인할 수 없다. ⓑ에서 공백공이 강호에 은거하려는 이유가 정시 현실에서 신뢰를 잃었기 때문임은 드러나지 않는다.

③ ⓐ에서 화자는 정치 현실에 대한 미련을 드러내고 있을 뿐, 경치를 완상하며 정치 현실의 번뇌를 해소하려는 자세를 나타내고 있지 않다. ⓑ에서 공백공이 정치 현실과의 갈등으로 인해 강호에 은거하려 한다는 점은 나타나지 않는다.

④ ⓐ에서 화자가 늙음으로 인해 정치 현실을 체념한다는 점은 나타나지 않으며, ⓑ에서 공백공이 정치 현실을 외면하면서 강호에 은거하려 한다는 점은 나타나지 않는다.

⑤ ⓐ에서 화자가 정치 현실의 이상 실현을 위해 임금께 맹세하는 태도는 나타나지 않으며, ⓑ에서 공백공이 정치 현실의 폐단에 실망하여 강호에 은거하려는 희망을 지니게 되었음도 나타나지 않는다.

정답/오답의 기준

문항 번호	정서/태도 오류	상황(배경) 오류	주체 왜곡	갈등 오류	논리 오류	개념어 오류
	반대 서술, 문맥흐름X	시간적, 공간적배경 오류	주체/대상 오류	내용X, 문맥흐름X	보기 오류	O, X
①						
②	V					
③	V			V		
④	V			V		
⑤	V			V		

[1~3] 다음 글을 읽고 물음에 답하시오.

한 평도 채 안 되는 구멍가게는 중풍으로 쓰러져 정상적 건강 상태가 아니었던 아버지의 유일한 수입원이자 **생존 이유**였다. 때문에 ㉠ 그 구멍가게에 대한 아버지의 몰두와 자존심은 각별했다.

한번은 내가 아버지가 가게를 잠깐 비운 사이에 겉에 허연 인공 설탕 가루를 묻힌 '미키대장군'이라는 **캐러멜**을 하나 아무 생각 없이 널름 집어먹은 적이 있었다. 하나에 이 원, 다섯 개에 십 원이었다. 잠시 뒤에 돌아온 아버지는 단박에 그 사실을 알아채고는 불같이 화를 내며 내 목덜미에 당수를 한 대 세게 내려꽂는 것이었다. 그 캐러멜 갑 안에 미키대장군이 몇 개 들어 있는지조차 훤히 꿰차고 있는 아버지였다.

—이런 민한 종간나래! 얌생이처럼 기러케 쏠라닥질을 허자면 이 가게 안에 뭐이가 하나 제대로 남아나겠니, 응?

그러고 나서는 좀 머쓱했는지 입이 한 발쯤 튀어나와 뽀로통해서 서 있는 내게 미키대장군 네 개를 집어 내미는 거였다.

어차피 짝이 맞아야 파니까, 하면서 억지로 내 손아귀에 쥐어주었다. ㉡ 나는 그 무허가 불량 식품인 캐러멜 네 개가 끈끈하게 녹아내릴 때까지 먹지 않고 쥔 채 서 있었다.

— 닐큼 털어 넣지 못하겠니, 으잉?

목덜미에 아버지의 가벼운 당수를 한 대 더 얹은 다음에야 한입에 털어 넣고 돌아서 나왔다. 아버지도 가게 일을 수월하게 보려면 잔심부름꾼인 나를 무시하고는 아쉬울 때가 많을 터였다. 워낙 짧은 밑천으로 가게를 꾸려 가자니 아버지는 물건 구색을 맞추느라 하루에도 많을 때는 세 번까지 시장통 도매상으로 정부미 포대를 거머쥐고 종종걸음을 쳐야 했고, 막내인 나는 번번이 아버지의 뒤로 **팔을 늘어뜨린 채** 졸졸 따를 수밖에 없었다.

그땐 그게 죽도록 싫었다. 하마 **시장통**에서 야구 글러브를 끼거나 조립용 신형 무기 장난감 상자를 든 **반 친구**를 만나거나, 심지어 과외나 주산 학원을 가는 여자 아이들을 만나는 날에는 정말 그 자리에서 혀를 빼물고 죽고 싶은 생각뿐이었다.

(중략)

어느 날이었다. 아버지와 나는 앞서거니 뒤서거니 하면서 그 정부미 자루를 날라 왔다. 그런데 집에 도착해 한숨을 돌린 뒤 자루를 풀고 물건을 정리해 보니 스무 병이 와야 할 소주가 두 병이 모자란 채 열여덟 병만 온 것이었다.

㉢ 아버지의 얼굴은 맞보기가 민망할 정도로 금세 하얗게 질렸다. 왜냐하면 그 덜 온 두 병을 빼고 나면 나머지 것들을 몽땅 팔아 봤자 결국 본전치기일 뿐이었기 때문이다. 아버지는 내 등을 떼밀어 물건을 받아 온 수도상회의 혹부리 영감한테 내려보냈다. 아버지는 말주변도 말주변이었지만 **중풍 후유증** 때문에 약간의 **언어 장애**가 있어 일부러 나를 보냈던 것이다.

— 뭐 하러 왔네?

가게 안에 북적거리는 손님들에게 셈을 치러 주느라 몇 번이고 주판알을 고르는 데 바쁜 혹부리 영감의 눈길을 잡아 두는 데 성공한 나는 더듬더듬 자초지종을 말했다. 그러나 귓등에 연필을 꽂은 채 심술이 덕지덕지 모여 이뤄진 듯한 왼쪽 이마빡의 눈깔사탕만 한 혹을 어루만지며 들던 ㉣ 혹부리 영감은 풍기 때문에 왼쪽으로 힐끗 돌아간 두터운 입술을 떠들쳐 굵은 침방울을 내 얼굴에 마구 튀겼다. 애초 자기 눈앞에서 까 보이지 않은 것은 인정할 수 없다며 막무가내였다. 나중엔 아버지까지 함께 내려가서 하소연을 해 봤지만 돌아온 대답은 정 그렇게 우기면 거래를 끊겠다는 협박성 경고뿐이었다. 거래가 끊긴다면 아버지한테는 큰 타격이 아닐 수 없었다.

혹부리 영감은 아버지한테 무슨 큰 특혜를 내려 주듯이 거래를 터 준다고 허락을 놓았었다. 같은 함경도 동향이기 때문이라는 말을 덧붙이면서. 하긴 혹부리 영감한테는 매번 소주 열 병 안짝에다 새우깡 열 봉지, 껌 대여섯 개, 빵 예닐곱 개 등 일반 소매 가격 구매자보다 더 많은 물건을 떼어 가지도 않으면서 부득부득 도맷값으로 해 달라고 통사정을 해 쌓는 아버지 같은 사람 하나 **거래를 끊어도** 장부상 거의 표가 나지 않을 것이었다.

결국 아버지는 자신의 과오를 인정하지 않을 수 없었다. ㉤ 당신의 자그마한 구멍가게로 돌아와 나머지 열여덟 병의 소주를 넋 나간 사람처럼 쓰다듬던 아버지는 기어코 아들인 내 앞에서 눈물을 보이고 말았다. 아! 아버지…….

– 김소진, 「자전거 도둑」 –

01 윗글에 대한 이해로 가장 적절한 것은?

① 혹부리 영감의 위협적인 경고 때문에, 아버지는 혹부리 영감의 주장을 따를 수밖에 없었다.

② 아버지는 소주 두 병을 덜 받아 왔기 때문에 곤란했지만, '나'에게 당황한 내색을 하지 않았다.

③ 아버지는 '나'의 잘못을 묵인했지만, 혹부리 영감과의 잘못된 거래는 바로잡으려 노력했다.

④ 혹부리 영감은 가게 일로 바빴지만, '나'의 자초지종을 듣고 마지못해 '나'의 염려를 덜어 주었다.

⑤ 아버지는 '나'의 도움이 필요했기에, 친구들의 시선을 의식하여 우울해 하는 '나'를 기분 좋게 하려 노력했다.

02 윗글을 감상한 내용으로 적절하지 않은 것은?

① '한 평도 채 안 되는 구멍가게'를 각별한 애정으로 운영하던 아버지에 대한 기억은, '나'에게 아버지의 '생존 이유'를 짐작하게 했겠어.

② '캐러멜'을 먹었다고 화를 냈다가 남은 '캐러멜'을 '나'의 손에 쥐어 준 아버지에 대한 기억은, '나'에게 아버지가 속마음을 드러내는 데 서툰 사람이라고 생각하게 했어.

③ '팔을 늘어뜨린 채' 아버지를 따르던 '나'가 '시장통'에서 '반 친구'를 만났던 경험은, '나'에게 궁핍으로 인한 내면의 상처로 남은 기억이겠어.

④ '중풍 후유증' 때문에 '언어 장애'가 있는 아버지 대신 혹부리 영감을 상대하게 된 경험은, '나'에게 어린 나이에 이해타산적인 어른들의 세계를 느끼게 한 기억이겠어.

⑤ '거래를 끊어도' 표가 나지 않을 사람이었던 아버지와 거래를 끊지 않은 혹부리 영감에 대한 기억은, '나'에게 형편이 어려운 사람들 간의 유대감을 느끼게 했겠어.

03 〈보기〉를 참고할 때, ㉠~㉤에 대한 반응으로 적절하지 않은 것은? [3점]

──● 보 기 ●──

이 소설의 서술자인 성인 '나'는 주로 세 가지 서술 방식을 활용한다. 첫째는 서술자가 등장인물의 내면 심리나 사건을 설명하는 것이다. 이 경우 독자는 서술자의 해석을 통해 사건을 이해하게 된다. 둘째는 서술자가 인물의 외양이나 행위만을 묘사하는 것이다. 이 경우 독자는 그 묘사가 갖는 의미를 스스로 해석해야 한다. 셋째는 서술자가 유년 '나'로 시선을 제한하여 유년 '나'의 눈에 보이는 다른 인물의 외양이나 행위를 묘사하는 것이다. 이 경우 독자는 사건의 현장을 직접 보는 듯한 느낌을 가질 수 있으며, 둘째 방식에서처럼 그 묘사에 대해 해석해야 한다. 셋째 방식에 유년 '나'의 심리가 함께 서술되면 독자는 인물의 심리에 쉽게 공감하게 된다.

① ㉠ : 서술자가 아버지의 내면을 설명하여 독자는 서술자의 해석을 통해 상황을 이해하겠군.

② ㉡ : 서술자가 유년 '나'의 행위를 묘사하여 독자는 그 행위가 갖는 의미를 스스로 해석하겠군.

③ ㉢ : 유년 '나'로 시선을 제한하여 아버지의 내면이 직접적으로 서술되지 않았다고 생각한 독자라면 아버지의 내면을 스스로 해석하겠군.

④ ㉣ : 유년 '나'로 시선을 제한하여 혹부리 영감의 모습과 행동을 묘사했다고 생각한 독자라면 장면을 직접 보는 듯한 느낌을 받겠군.

⑤ ㉤ : 유년 '나'로 시선을 제한하여 아버지의 행위와 표정을 묘사하면서 유년 '나'의 심리를 함께 제시하여 독자는 그 심리에 공감하겠군.

[자전거 도둑 – 김소진]

1) 한 평도 채 안 되는 구멍가게는 중풍으로 쓰러져 정상적 건강 상태가 아니었던 아버지의 유일한 수입원이자 생존 이유였다. 때문에 그 구멍가게에 대한 아버지의 몰두와 자존심은 각별했다.

2) 한번은 내가 아버지가 가게를 잠깐 비운 사이에 곁에 허연 인공 설탕 가루를 묻힌 '미키대장군'이라는 캐러멜을 하나 아무 생각 없이 널름 집어먹은 적이 있었다. 하나에 이 원, 다섯 개에 십 원이었다. 잠시 뒤에 돌아온 아버지는 단박에 그 사실을 알아채고는 불같이 화를 내며 내 목덜미에 당수를 한 대 세게 내려꽂는 것이었다. 그 캐러멜 갑 안에 미키대장군이 몇 개 들어 있는지조차 훤히 꿰차고 있는 아버지였다.

—이런 민한 종간나래! 얌생이처럼 기러케 쏠라닥질을 허자면 이 가게 안에 뭐이가 하나 제대로 남아나겠니, 응?

그러고 나서는 좀 머쓱했는지 입이 한 발쯤 튀어나와 뾰로통해서 서 있는 내게 미키대장군 네 개를 집어내미는 거였다.

어차피 짝이 맞아야 파니까, 하면서 억지로 내 손아귀에 쥐어주었다. 나는 그 무허가 불량 식품인 캐러멜 네 개가 끈끈하게 녹아내릴 때까지 먹지 않고 쥔 채 서 있었다.

— 널큼 털어 넣지 못하겠니, 으잉?

3) 목덜미에 아버지의 가벼운 당수를 한 대 더 얹은 다음에야 한입에 털어 넣고 돌아서 나왔다. 아버지도 가게 일을 수월하게 보려면 잔심부름꾼인 나를 무시하고는 아쉬울 때가 많을 터였다. 워낙 짧은 밑천으로 가게를 꾸려 가자니 아버지는 물건 구색을 맞추느라 하루에도 많을 때는 세 번까지 시장통 도매상으로 정부미 포대를 거머쥐고 종종걸음을 쳐야 했고, 막내인 나는 번번이 아버지의 뒤로 팔을 늘어뜨린 채 졸졸 따를 수밖에 없었다.

그땐 그게 죽도록 싫었다. 하마 시장통에서 야구 글러브를 끼거나 조립용 신형 무기 장난감 상자를 든 반친구를 만나거나, 심지어 과외나 주산 학원을 가는 여자 아이들을 만나는 날에는 정말 그 자리에서 혀를 **빼** 물고 죽고 싶은 생각뿐이었다.

(중략)

4) 어느 날이었다. 아버지와 나는 앞서거니 뒤서거니 하면서 그 정부미 자루를 날라 왔다. 그런데 집에 도착해 한숨을 돌린 뒤 자루를 풀고 물건을 정리해 보니 스무 병이 와야 할 소주가 두 병이 모자란 채 열여덟 병만 온 것이었다.

아버지의 얼굴은 맞보기가 민망할 정도로 금세 하얗게 질렸다. 왜냐하면 그 덜 온 두 병을 빼고 나면 나머지 것들을 몽땅 팔아 봤자 결국 본전치기일 뿐이었기 때문이다. 아버지는 내 등을 떼밀어 물건을 받아 온 수도상회의 혹부리 영감한테 내려보냈다. 아버지는 말주변도 말주변이었지만 중풍 후유증 때문에 약간의 언어 장애가 있어 일부러 나를 보냈던 것이다.

5) — 뭐 하러 왔네?

가게 안에 북적거리는 손님들에게 셈을 치러 주느라 몇 번이고 주판알을 고르는 데 바쁜 혹부리 영감의 눈길을 잡아 두는 데 성공한 나는 더듬더듬 자초지종을 말했다. 그러나 귓등에 연필을 꽂은 채 심술이 덕지덕지 모여 이뤄진 듯한 왼쪽 이마빡의 눈깔사탕만한 혹을 어루만지며 듣던 혹부리 영감은 풍기 때문에 왼쪽으로 힐끗 돌아간 두터운 입술을 떠들쳐 굵은 침방울을 내 얼굴에 마구 튀겼다. 애초 자기 눈앞에서까 보이지 않은 것은 인정할 수 없다며 막무가내였다. 나중엔 아버지까지 함께 내려가서 하소연을 해 봤지만 돌아온 대답은 정 그렇게 우기면 거래를 끊겠다는 협박성 경고뿐이었다. 거래가 끊긴다면 아버지한테는 큰 타격이 아닐 수 없었다.

혹부리 영감은 아버지한테 무슨 큰 특혜를 내려 주듯이 거래를 터 준다고 허락을 놓았었다. 같은 함경도 동향이기 때문이라는 말을 덧붙이면서. 하긴 혹부리 영감한테는 매번 소주 열 병 안짝에다 새우깡 열 봉지, 껌 대여섯 개, 빵 예닐곱 개 등 일반 소매 가격 구매자보다 더 많은 물건을 떼어 가지도 않으면서 부득부득 도맷값으로 해 달라고 통사정을 해 쌓는 아버지 같은 사람 하나 거래를 끊어도 장부상 거의 표가 나지 않을 것이었다.

6) 결국 아버지는 자신의 과오를 인정하지 않을 수 없었다. 당신의 자그마한 구멍가게로 돌아와 나머지 열여덟 병의 소주를 넋 나간 사람처럼 쓰다듬던 아버지는 기어코 아들인 내 앞에서 눈물을 보이고 말았다.

아! 아버지…….

☆ 행동 영역

○ 서술자(시점) 파악

= 중요한 것은 단순한 시점이 아닌, 서술자의 위
    치, 시각, 태도!

○ 소설은 '갈등'이 가장 중요

= 모든 것은 '갈등'을 위한 Base임을 잊지 말자!

(인물이 인식하는 부정적 상황 파악)

○ '갈등' 파악(사건단위끊기)

= 인물 교체 지점, 배경 전환 지점 체크

○ '갈등 양상' 파악

= 갈등 고조 or 갈등 해소 체크

○ 인물의 '심리'를 기준으로 '대화/행동/반응/태도'
    의 기준 잡기

= 맥락으로 파악!

○ 인물들이 나오면 '갈등' 관계인지 '동맹' 관계인지
    파악

★ 사고 영역

[핵심 point] 자전거 도둑

1) 갈등 파악

본 지문에는 (중략) 전후 하나씩 크게 두 가지의 갈
등이 드러난다. 첫 번째 갈등은, '나'와 '아버지'와의
갈등인데, 이는 '나'가 카라멜을 집어먹었기 때문에
생겨난다. 아버지는 '나'를 꾸짖은 이후, 아들인 '나'
에게 나머지 카라멜을 쥐어 주면 갈등이 해소된다.

두 번째 갈등은 '혹부리 영감'과 '나'와의 갈등이다.
이것은 '아버지'와 '나'가 소주를 사 가져 온 이후에
시작된다. 원래 소주 20병이 들어 있어야 할 포대에
18병밖에 없었고, '나'는 아버지를 대신하여 이를 해
결하기 위해 간다. 물론 이는 실패하였고, 결국 이
갈등은 '아버지'가 자신의 '과오'를 인정하며 해결된
다. 이는 완전한 해결은 아니며, 지문 이후에 이어질
'자전거 도둑'의 내용 전개의 발단이 된다.

2) 인물의 심리/대화/반응/정서/태도

(중략) 전의 카라멜 사건에서는, '나'는 처음에 자신
이 무슨 짓을 했는지 깨닫지 못하다가, 아버지의 꾸
중을 들고 자신이 저지른 잘못을 깨닫는다.

(중략) 후의 소주 사건에서는, '나'보다는 '아버지'
의 심리가 두드러진다. '아버지'는 소주가 두 병 비는
것을 깨닫고 망연자실하고, '나'가 결국 사건을 해결
하지 못했을 때 '아버지'는 무력감과 허탈함에 눈물
을 쏟는다.

이 이야기는 현재의 '나'가 과거에 있었던 사건을
서술하면서 이루어지는데, 현재의 '나'는 '아버지'에
대한 연민을 가지고 사건을 재구성하고 있다.

01

정답해설

① 지문에서 '나'가 혹부리 영감을 찾아갔을 때, 혹부리 영감'정 그렇게 우기면 거래를 끊겠다는 협박성 경고'를 통해 자신의 의견을 관철한다. 마지못해 아버지는 자신의 과오를 인정하고 가게로 돌아와 아들 앞에서 눈물을 보인다. 이를 통해 아버지가 혹부리 영감의 주장을 따른 이유가 그의 위협적인 경고 때문이었음을 알 수 있다.

오답해설

② 스무 병이 와야 할 소주가 열여덟 병만 온 것을 확인한 아버지의 얼굴이 '맞보기가 민망할 정도로 금세 하얗게 질렸다.'라고 표현한 부분에서 아버지가 당황한 내색을 보였음을 파악할 수 있다.

③ 가게에 있던 캐러멜 하나를 아무 생각 없이 집어먹은 '나'의 행동에 대해 아버지가 '불같이 화를 내며' 당수를 한 대 세게 내리꽂고 혼내는 장면을 통해 아버지가 '나'의 잘못을 묵인하지 않았음을 알 수 있다.

④ '나'는 혹부리 영감에게 자초지종을 설명하였지만, 자초지종을 듣고 마지못해 '나' 의 염려를 덜어 준 부분은 찾을 수 없다.

⑤ '막내인 나는 번번이 아버지의 뒤로 팔을 늘어뜨린 채 졸졸 따를 수밖에 없었다.', '그땐 그게 죽도록 싫었다.' 등의 표현을 통해, '나'의 기분과 무관하게 아버지가 '나'를 심부름꾼으로 데리고 다녔음을 추측할 수 있다.

	정답/오답의 기준					
	정서/태도 오류	상황(배경) 오류	주체 왜곡	갈등 오류	논리 오류	개념어 오류
문항 번호	반대 서술, 문맥흐름X	시간적, 공간적배경 오류	주체/대상 오류	내용X, 문맥흐름X	보기 오류	O, X
①						
②	V					
③	V					
④	V					
⑤		V				

02

정답해설

⑤ 혹부리 영감은, '나'의 가족과 대립하는 관계에 있다. 따라서, 유대감을 느낀다는 선지의 설명은 적절하지 않다. 혹부리 영감은, '아버지'와의 거래 관계에 있어서 절대적인 우위에 있어 언제든지 거래를 끊을 수 있다.

오답해설

① '나'는 '캐러멜 갑 안에 미키대장군이 몇 개 들어있는지조차 훤히 꿰차고 있는 아버지'의 모습을 통해 '한 평도 채 안 되는 구멍가게'에 대한 아버지의 각별한 애정을 확인하며 그것이 아버지의 '생존 이유'였음을 짐작하고 있다.

② 아버지가 '어차피 짝이 맞아야 파니까니'와 같은 이유를 대며, '늘큼 털어 넣지 못하겠니'라고 권하는 모습을 통해 '나'에 대한 미안함을 서툴게 에둘러 표현하고 있음을 추측할 수 있다.

③ '그땐 그게 죽도록 싫었다.', '정말 그 자리에서 혀를 빼물고 죽고 싶은 생각뿐이었다.' 등을 통해 궁핍으로 인한 '나'의 내면의 상처를 추측할 수 있다.

④ '애초 자기 눈앞에서 까 보이지 않은 것은 인정할 수 없다.'라고 반응하는 혹부리 영감의 매몰찬 태도는, 어린 '나'에게 이해타산적인 모습으로 비춰졌을 것이다.

	정답/오답의 기준					
	정서/태도 오류	상황(배경) 오류	주체 왜곡	갈등 오류	논리 오류	개념어 오류
문항 번호	반대 서술, 문맥흐름X	시간적, 공간적배경 오류	주체/대상 오류	내용X, 문맥흐름X	보기 오류	O, X
①						
②						
③						
④						
⑤	V					

03

정답해설

⑤ ⑩에서 유년 '나'의 심리를 제시하고 있는 부분은 찾아보기 어렵다. ⑩은 오히려 현재 서술자의 시점에서 당시 장면을 회상하고 있는 서술이라고 할 수 있다.

오답해설

① ㉠은 <보기>의 세 가지 서술 방식 중 첫째 방식을 활용한 것으로 '그 구멍가게에 대한 아버지의 몰두와 자존심'이라는 표현에서 서술자가 아버지의 내면을 설명하고 있다고 볼 수 있다.

② ㉡은 <보기>의 세 가지 서술 방식 중 둘째 방식을 활용한 것으로 독자는 유년 '나'가 '캐러멜 네 개가 끈끈하게 녹아내릴 때까지 먹지 않고' 서 있었던 행위의 의미를 스스로 해석해야 할 것이다.

③ ㉢을 <보기>의 세 가지 서술 방식 중 셋째 방식으로 본다면, 아버지의 내면이 직접적으로 서술되지는 않았으므로 독자가 아버지의 내면을 스스로 해석해야 할 것이다.

④ ㉣을 <보기>의 세 가지 서술 방식 중 셋째 방식으로 본다면, 독자는 혹부리 영감이 '풍기 때문에 왼쪽으로 힐끗 돌아간 두터운 입술을 떠들쳐' 침을 튀기며 말하는 장면을 직접 목격한 듯한 느낌을 받을 것이다.

문항 번호	정답/오답의 기준					
	정서/태도 오류	상황(배경) 오류	주체 왜곡	갈등 오류	논리 오류	개념어 오류
	반대 서술, 문맥흐름X	시간적, 공간적배경 오류	주체/대상 오류	내용X, 문맥흐름X	보기 오류	O, X
①						
②						
③						
④						
⑤		V				

거미
손

Series 6

독서/문학 심화편

2
주차

독서

제재별 독해

생명과학 ①, ②

[1~3] 다음 글을 읽고 물음에 답하시오.

신체 내에 지방이 저장되는 과정과 분해되는 과정은 많은 연구들을 통해 명확히 알려져 있다. 지방은 지방세포 속에 중성지방의 형태로 축적된다. 이 과정을 살펴보면, 음식물 형태로 섭취된 지방은 소화 과정에서 효소들의 작용에 의해 중성지방으로 전환되어 작은창자에서 흡수되고 혈액에 의해 운반된 후 지방 조직에 저장된다. 이 과정에서 중성지방은 작은창자의 세포 내로 직접 흡수되지 못하기 때문에 췌장에서 분비된 지방 분해 효소인 리파아제에 의해 지방산과 글리세롤로 분해되어 흡수된다. 이렇게 작은창자의 세포에 흡수된 지방산과 글리세롤은 에스테르화라는 화학 반응을 통해 다시 합쳐져서 중성지방이 된다. 이 중성지방은 작은창자의 세포 내에서 혈관으로 방출되어 신체의 여러 부위로 이동한다. 중성지방이 지방세포 근처의 모세혈관에 도달하였을 때, 모세혈관 세포의 세포막에 붙어 있는 리파아제에 의해 다시 지방산과 글리세롤로 분해된 후 지방세포 내로 흡수된다. 이때의 리파아제는 지방 흡수를 위해 지방세포에서 분비되어 옮겨진 것이다. 지방세포는 흡수된 지방산과 글리세롤을 다시 에스테르화하여 중성지방의 형태로 저장한다. 만약 혈액 내에 중성지방의 양이 너무 많아서 기존의 지방세포가 커지는 것만으로는 더 이상 저장할 수 없을 경우, 지방세포의 수가 늘어나서 초과된 양을 저장한다.

지방세포에 저장된 중성지방은 다시 지방산과 글리세롤로 분해된 후 혈액으로 분비되어 신체 기관에 필요한 에너지를 만드는 데 중요한 에너지원이 된다. 이러한 중성지방의 분해는 카테콜아민이라는 신경 전달 물질에 의한 지방세포 내 호르몬－민감 리파아제의 활성화를 통해 일어나는 카테콜아민－자극 지방 분해와 카테콜아민의 작용 없이 일어나는 기초 지방 분해로 나뉜다. 이 가운데 기초 지방 분해는 특별히 많은 에너지가 필요 없는 평상시에 일어나며, 카테콜아민－자극 지방 분해는 격한 운동을 할 때와 같이 에너지가 많이 필요할 때 일어난다. 일반적으로 기초 지방 분해 과정에 의한 중성지방의 분해 속도는 지방세포의 크기가 클수록 빨라진다.

따라서 지방세포 내로 중성지방이 저장되는 것을 조절하거나 지방세포 내 중성지방의 분해를 조절하는 것이 체내 지방의 축적을 조절하는 방법이 된다. 이러한 지방 축적의 조절에는 성장 호르몬이나 성 호르몬 같은 내분비 물질이 관여한다. 이 가운데 성장 호르몬은 카테콜아민－ 자극에 대한 민감도를 증가시켜 지방 분해를 촉진하는 동시에, 지방세포가 분비한 리파아제의 활성을 감소시켜 지방세포 내 중성지방의 저장을 줄이는 것으로 알려져 있다. 이러한 이유로 성장 호르몬의 분비량이 많은 사춘기보다 분비량이 줄어드는 성인기에 지방세포 내 중성지방의 축적이 증가하게 되는 것이다.

한편 성 호르몬의 혈중 농도는 사춘기에 증가하며 성인기에 일정 수준 이상으로 유지되다가 노년기에 이르러 감소한다. 성 호르몬이 지방의 축적과 분해에 관여하는 기전은 아직 정확히 알려져 있지 않지만, 최근 연구들은 여성의 경우 둔부와 대퇴부의 피부 조직 아래의 피하 지방세포에 지방이 더 많이 축적되는 데 비해 남성의 경우 복부 창자의 내장 지방세포에 더 많이 축적된다는 사실로부터 지방 축적에 대한 성 호르몬의 기능을 설명하려고 한다.

성별 지방 축적의 차이를 밝히려는 이러한 시도들은 두 가지 부면으로 나누어 이해될 수 있다. 먼저 성별에 따른 지방의 축적 및 분해 양상의 차이이다. 성인의 내장 지방세포의 경우, 카테콜아민－자극 지방 분해 속도는 여성이 남성보다 빠르며, 지방세포에서 분비된 리파아제의 활성은 남성이 여성보다 더 높다. 반면에 성인의 둔부와 대퇴부의 피하 지방세포의 경우, 카테콜아민－자극 지방 분해 속도는 남성이 여성보다 빠르며, 에스테르화되는 중성지방의 양은 여성이 남성보다 더 많다. 다음은 신체 부위에 따른 지방 분해 양상의 차이이다. 여성의 경우는 카테콜아민－자극 지방 분해가 둔부와 대퇴부 피하 지방세포보다 내장 지방세포에서 더 빠르게 일어나는 반면, 남성의 경우는 그 속도가 비슷하다.

이처럼 성별 및 부위별 지방세포에 따라 중성지방의 저장과 분해 능력이 서로 다르다는 것은 성 호르몬이 지방세포에서 일어나는 중성지방의 저장과 분해 과정의 조절에 매우 복잡한 방법으로 관여하고 있음을 시사한다.

01 위 글의 내용과 일치하지 <u>않는</u> 것은?

① 카테콜아민은 지방세포 내에서 지방산과 글리세롤의 에스테르화 반응을 일으킬 수 있다.

② 중성지방이 에너지원으로 작용하기 위해서는 지방산과 글리세롤로 분해되어야 한다.

③ 신체 내에 지방세포가 다른 부위보다 더 잘 축적되는 부위는 성별에 따라 다르다.

④ 음식물 형태의 지방은 작은창자에서 흡수되기 위해 효소의 작용이 필요하다.

⑤ 지방세포의 크기와 지방세포에서 일어나는 기초 지방 분해 속도는 비례한다.

02 리파아제에 관한 설명으로 적절하지 <u>않은</u> 것은

① 성장 호르몬은 호르몬-민감 리파아제의 활성을 증가시킨다.

② 지방세포에서 분비된 리파아제는 지방세포에서 지방산 분비를 감소시킨다.

③ 췌장에서 분비된 리파아제의 활성이 억제되면, 체내에 지방 축적이 감소된다.

④ 신체에서 많은 에너지가 요구되면, 지방세포 내 호르몬-민감 리파아제의 활성이 증가한다.

⑤ 모세혈관 세포의 세포막에 붙어 있는 리파아제의 활성이 증가하면, 지방세포 내에서 에스테르화되는 지방산과 글리세롤의 양은 증가한다.

03 〈보기〉와 같은 실험을 수행한다고 할 때, 위 글의 내용으로 미루어 지방량 증가가 예상되는 것만을 있는 대로 고른 것은?

● 보기 ●

아래와 같은 피험자들을 대상으로 일정 기간 동안 약물을 투여한 후, 투여 전후의 내장지방 또는 대퇴부 피하지방의 양을 비교하였다. (단, 약물 투여 전후의 기초 지방 분해량에는 차이가 없다고 가정하고, 투여 약물이 지방 조직을 제외한 다른 조직에 작용하여 지방 조직에 미치는 영향은 고려하지 않는다.)

	피험자	투여 약물	측정 부위
ㄱ	정상 체중의 32세 남성	여성 성 호르몬	대퇴부 피하
ㄴ	혈중 여성 성 호르몬 농도가 매우 낮은 70세 여성	남성 성 호르몬	내장
ㄷ	성장 호르몬이 분비되지 않는 35세 남성	성장 호르몬	내장
ㄹ	혈중 여성 성 호르몬 농도가 매우 낮은 35세 여성	여성 성 호르몬	내장

① ㄱ, ㄴ 　　　　② ㄱ, ㄴ, ㄷ

③ ㄱ, ㄷ, ㄹ 　　④ ㄴ, ㄷ

⑤ ㄴ, ㄷ, ㄹ

01

정답해설

① '에스테르화'는 작은창자 세포 내의 지방산과 글리세롤을 다시 합쳐 중성지방으로 만드는 화학반응이고, '카테콜아민'은 지방세포에 저장된 중성지방을 분해하는 신경 전달 물질이다. 따라서 해당 선지는 적절하지 않다.

오답해설

② 지방세포에 저장된 중성지방은 다시 지방산과 글리세롤로 분해된 후 혈액으로 분비되어 신체 기관에 필요한 에너지를 마느는 데 중요한 에너지원이 된다.

③ 남성의 경우 복부 창자의 내장 지방세포에 더 많이 축적되는 데에 비해, 여성의 경우 둔부와 대퇴부의 피부 조직 아래의 피하 지방세포에 지방이 더 많이 축적된다. 이를 통해 지방세포가 더 잘 축적되는 부위가 성별에 따라 다르다는 것을 알 수 있다.

④ 음식물 형태로 섭취된 지방은 소화 과정에서 효소들의 작용에 의해 중성지방으로 전환되어 작은창자에 흡수된다.

⑤ 2문단에서 기초 지방 분해 과정에 의한 중성지방의 분해 속도는 지방세포의 크기가 클수록 빨라진다고 설명하고 있다.

문항 번호	논리부정 (상반) A → not A	인과 역전 A → B ←	주체 왜곡 A&a / B&b → A&b B&a	논리곱 / 합 (and / or) (100% / 예외)	오답 / 부재
①	V				
②					
③					
④					
⑤					

02

정답해설

② 지방 흡수를 위해 지방세포에서 분비된 리파아제는 모세혈관 세포의 세포막에 붙어서 중성지방을 지방산과 글리세롤로 분해한다.

오답해설

① 카테콜아민은 지방세포 내의 호르몬-민감 리파아제를 활성화시켜 카테콜아민-자극 지방 분해가 이루어지게 하고, 성장 호르몬은 카테콜아민-자극에 대한 민감도를 증가시킨다. 따라서 성장 호르몬은 호르몬-민감 리파아제의 활성을 증가시킨다고 볼 수 있을 것이다.

③ 중성지방은 췌장에서 분비된 지방 부해 효소인 리파아제에 의해 지방산과 글리세롤로 분해되어 흡수된다고 설명하고 있으므로, 리파아제의 활성이 억제되면 체내에 축적되는 지방의 양이 줄어들 것이다.

④ 지방세포 내 호르몬 ‒ 민감 리파아제의 활성화를 통해 일어나는 카테콜아민-자극 지방 분해는 에너지가 많이 필요할 때 발생한다.

⑤ 모세혈관 세포의 세포막에 붙어있는 리파아제는 지방 흡수를 위해 지방세포에서 분비되어 옮겨진 것인데, 이는 중성지방이 모세혈관에 도착했을 때 중성지방을 지방산과 글리세롤로 분해한다. 따라서 리파아제의 활성이 증가하게 되면, 지방세포 내에서 에스테르화되는 지방산과 글리세롤의 양은 증가한다.

문항 번호	논리부정 (상반) A → not A	인과 역전 A → B ←	주체 왜곡 A&a / B&b → A&b B&a	논리곱 / 합 (and / or) (100% / 예외)	오답 / 부재
①					
②	V				
③					
④					
⑤					

03

정답해설

①

ㄱ. 여성 성 호르몬은 대퇴부의 피하 지방세포에 지방을 축적시키는데, 정상 체중의 32세 남성에게 여성 성 호르몬이 투여된다면 대퇴부 피하의 지방이 증가할 것이다.

ㄴ. 70대 여성과 같이 혈중 여성 성 호르몬 농도가 낮은 피험자에게 남성의 성 호르몬을 투여하게 되면 피험자의 내장에 지방의 양이 증가한다는 것을 알 수 있을 것이다.

오답해설

ㄷ. 성장 호르몬은 지방 분해/중성지방 저장 감소를 야기하므로, 성장 호르몬이 분비되지 않는 35세 남성에게 성장 호르몬을 투여하면 내장지방의 양이 감소할 것이다.

ㄹ. 여성 성 호르몬은 둔부와 대퇴부의 피하에 지방이 축적되도록 하고 내장 지방의 분해를 돕는다. 따라서 혈중 여성 성 호르몬 농도가 낮은 35세 여성에게 여성 성 호르몬을 투여하면 이 호르몬의 영향으로 내장 지방 양 ↓ / 대퇴부 피하지방 양↑ 가 일어날 것이다.

문항 번호	논리부정 (상반) A → not A	인과 역전 A → B ←	주체 왜곡 A&a / B&b → A&b B&a	논리곱 / 합 (and / or) (100% / 예외)	오답 / 부재
ㄱ					
ㄴ					
ㄷ	V				
ㄹ	V				

제재별 독해 – 생명과학 ②

[1~3] 다음 글을 읽고 물음에 답하시오.

현대 사회에서 국가는 개인의 권리와 이익에 영향을 주는 다양한 행정 작용을 한다. 이에 따라 국가 활동으로 인해 손해를 입은 개인을 보호할 필요성이 커지게 되었다. 국가배상 제도는 국가 활동으로부터 손해를 입은 개인을 보호하기 위해 국가에게 손해배상 책임을 지운다. 이 제도는 19세기 후반 프랑스에서 법원의 판결 곧 판례에 의해 도입된 이래, 여러 나라에서 법률 또는 판례에 의해 인정되었다. 우리나라도 국가배상법을 제정하여 공무원의 법을 위반한 직무 집행으로 손해를 입은 개인에게 국가가 그 손해를 배상하도록 하고 있다.

법관이 하는 재판도 국가 활동에 속하는 이상 재판에 잘못이 있을 때 국가가 전적으로 손해배상 책임을 지는 것이 타당하다고 볼 수도 있다. 그러나 재판에는 일반적인 행정 작용과는 다른 특수성이 있어 재판에 대한 국가배상 책임을 제한할 필요성이 인정된다. 그 특수성으로 먼저 생각할 수 있는 것은 재판의 공정성을 위하여 법관의 직무상 독립이 보장되고 있다는 점이다. 만일 법관이 재판을 함에 있어서 사실관계의 파악, 법령의 해석, 사실관계에 대한 법령의 적용에 잘못을 범하였다는 이유로 국가가 손해배상 책임을 지게 되면, 법관은 이러한 손해배상 책임에 대한 부담 때문에 소신껏 재판 업무에 임할 수 없게 될 것이다.

법적 안정성을 위하여 확정 판결에 기판력이 인정된다는 것도 재판의 특수성의 하나이다. 기판력은 당사자가 불복하지 않아서 판결이 확정되거나 최상급 법원의 판단으로 판결이 확정되면, 동일한 사항이 다시 소송에서 문제가 되었을 때 당사자가 이에 저촉되는 청구를 할 수 없고 법원도 이에 저촉되는 판결을 할 수 없게 되는 구속력을 의미한다. 이는 부단히 반복될 수 있는 법적 분쟁을 일정 시점에서 사법권의 공적 권위로써 확정하여 법질서를 유지하고자 하는 것이다. 만약 일단 기판력이 생긴 확정 판결을 다시 국가배상 청구의 대상으로 삼는 것을 허용한다면, 그것만으로도 법적 안정성이 흔들리게 되기 때문이다.

재판에는 심급 제도가 마련되어 있다는 점도 특수성으로 볼 수 있다. 심급 제도는 법원의 재판에 대하여 불만이 있는 경우 상위 등급의 법원에서 다시 재판을 받을 수 있도록 하는 제도이다. 소송 당사자는 법률에 의하여 정해진 불복 절차에 따라 상급심에서 법관의 업무 수행에 잘못이 있음을 주장하여 하급심의 잘못된 결과를 시정할 수 있다. 심급 제도와 다른 방식으로 잘못된 재판의 결과를 시정하는 것은 인정되지 않는다. 재판에 대한 국가배상 책임을 넓게 인정하면 심급 제도가 무력화되어 법적 안정성을 해치게 된다.

독일에서는 법관의 직무상 의무 위반이 형사법에 의한 처벌의 대상이 되는 경우에만 국가배상 책임이 인정된다고 법률에 명시하고 있다. 이와 달리 우리나라의 국가배상법에는 재판에 대한 국가배상 책임을 부정하거나 제한하는 명문의 규정이 없다. 따라서 재판에 대한 국가배상법의 적용 자체를 부정할 수는 없다. 그러나 ㉠ 우리 대법원은 다음과 같은 방식으로 재판에 대한 국가배상 책임의 인정 범위를 좁히고 있다. 먼저, 대법원은 비록 확정 판결이라고 하더라도 법관이 그에게 부여된 권한의 취지에 명백히 어긋나게 이를 행사하였다고 인정할 만한 특별한 사정이 있는 경우에는 재판의 위법성을 인정한다. 뇌물을 받고 재판한 것과 같이 법관이 법을 어길 목적을 가지고 있었다거나 소를 제기한 날짜를 확인하지 못한 것과 같이 법관의 직무 수행에서 요구되는 법적 기준을 현저하게 위반했을 때가 이에 해당한다. 따라서 법관이 직무상 독립에 따라 내린 판단에 대하여 이후에 상급 법원이 다른 판단을 하였다는 사정만으로는 재판의 위법성이 인정되지 않는다. 그리고 대법원에 따르면, 재판에 대한 불복 절차가 마련되어 있는 경우에는 이러한 절차를 거치지 않고 국가배상 책임을 묻는 것은 인정되지 않는다. 불복 절차를 따르지 않은 탓에 손해를 회복하지 못한 사람은 원칙적으로 국가배상에 의한 보호를 받을 수 없다는 것이다. 단, 불복 절차를 거치지 않은 것 자체가 법관의 귀책 사유로 인한 것과 같은 특별한 사정이 있으면 예외적으로 국가배상 책임을 물을 수 있다.

01 윗글의 내용과 일치하는 것은?

① 프랑스를 비롯한 여러 나라에서 국가배상 제도가 법률로 도입되었다.
② 최하위 등급의 법원이 한 판결도 국가배상 책임의 대상이 될 수 있다.
③ 사실관계 파악은 법관의 직무가 아니므로 국가배상 책임의 대상이 아니다.
④ 독일은 판례를 통해서만 재판에 대한 국가배상 책임의 인정 범위를 제한한다.
⑤ 우리나라의 국가배상법은 별도의 규정으로 재판에 대한 국가배상 책임을 제한한다.

02 ㉠의 입장에 대해 판단한 것으로 적절하지 <u>않은</u> 것은?

① 국가배상 청구가 심급 제도를 대체하는 불복 절차로 기능하는 것을 허용하지 않는다.
② 법적 절차를 거치지 않은 피해자의 권리를 법적 안정성의 유지를 위해 희생하는 것을 허용한다.
③ 판결이 확정되어 기판력이 발생하면 그 확정 판결로 인해 생긴 손해에 대해서는 국가배상 책임을 인정하지 않는다.
④ 법관이 법을 어기면서 이루어진 재판에 대해서는 법관의 직무상 독립을 보장하는 취지에 어긋나기 때문에 그 위법성을 인정한다.
⑤ 법관의 직무상 독립을 위해, 판결에 나타난 법관의 법령 해석이 상급 법원의 해석과 다르다는 것만으로 재판의 위법성을 인정하지 않는다.

03 〈보기〉의 사례에 대한 아래의 판단 중 적절한 것만을 있는 대로 고른 것은?

●보 기●

A는 헌법재판소에 헌법소원 심판을 청구하였다. A는 적법한 청구 기간 내인 1994년 11월 4일에 심판 청구서를 제출하였으나, 헌법재판소는 청구서에 찍힌 접수 일자를 같은 달 14일로 오인하였다. 헌법재판소는 적법한 청구 기간이 지났음을 이유로 하여 재판관 전원 일치의 의견으로 A의 심판 청구를 받아들이지 않는다는 결정을 하였다. 당시에는 헌법재판소의 결정에 대한 불복 절차가 마련되어 있지 않았기 때문에 A는 위 결정의 잘못을 바로잡을 수 없었다. A는 법을 위반한 헌법재판소 결정으로 인해 손해를 입었다고 하여 1997년에 법원에 국가배상 청구를 하였고, 2003년에 이 청구에 대한 대법원의 판결이 내려졌다.

ㄱ. 법관의 직무상 독립 보장만을 이유로 이 사건에서 국가배상 책임을 부인할 수는 없다.
ㄴ. 법원은 A의 심판 청구서가 적법한 청구 기간 내에 헌법재판소에 제출되었다고 보아 헌법재판소 결정의 위법성을 인정할 수 있다.
ㄷ. 1997년에는 헌법재판소의 결정에 대한 불복 절차가 마련되어 있지 않았기 때문에 A의 국가배상 청구는 법원이 받아들이지 않았을 것이다.

① ㄱ   ② ㄴ   ③ ㄷ
④ ㄱ, ㄴ   ⑤ ㄴ, ㄷ

01

정답해설

② [5문단] 재판에는 심급 제도가 마련되어 있어 재판에 불만이 있을 경우 상위 등급의 법원에서 다시 재판을 받을 수 있으므로, 불복 절차를 거치지 않고는 최하위 등급의 법원이 한 판결에 대해 국가배상의 보호를 받을 수 없다. 다만, 불복 절차를 거치지 않은 것이 법관의 잘못이라면 예외적으로 국가배상 책임을 물을 수 있다.

오답해설

① [1문단] 프랑스에서 국가배상 제도는 '판례'에 의해 도입된 것이다.

③ [2문단] 재판은 법관의 직무상 독립이 보장되고 있다는 점에서 특수성이 있고, 이로 인해 재판에 대한 국가배상 책임의 범위를 좁힐 필요가 있다. 법관이 '사실관계의 파악, 법령의 해석, 사실관계에 대한 법령의 적용'에 잘못을 범하였다는 이유로 국가가 손해배상 책임을 지게 되면 법관은 소신껏 재판 업무에 임할 수 없게 된다. 따라서 위 세 가지가 독립이 보장되는 법관의 직무를 의미함을 알 수 있다.

④ [5문단] 독일에서는 법관의 직무상 의무 위반이 형사법에 의한 처벌의 대상이 되는 경우에만 국가배상 책임이 인정된다고 '법률'에 명시하고 있다.

⑤ [5문단] 우리나라의 국가배상법에는 재판에 대한 국가배상 책임을 부정하거나 제한하는 명문의 규정이 없다.

			정답/오답의 기준		
문항 번호	논리부정 (상반) A → not A	인과 역전 A → B ←	주체 왜곡 A&a / B&b → A&b B&a	논리곱 / 합 (and / or) (100% / 예외)	오답 / 부재
①				V	
②					
③	V				
④				V	
⑤	V				

02

정답해설

③ ㉠은 법관이 그에게 부여된 권한의 취지에 명백히 어긋나게 이를 행사하였다고 인정할 만한 사정이 있는 경우에는 재판의 위법성을 인정한다. 따라서 해당 사정을 고려하지 않고 단지 기판력이 발생했을 때에 국가배상 책임의 대상이 되지 않는다고 서술한 선지의 내용은 ㉠의 입장과 다르다.

오답해설

① ㉠에 따르면 심급 제도가 마련되어 있는 경우에는 불복 절차를 거치지 않고 국가배상 책임을 묻는 것이 인정되지 않는다.

② ㉠은 법적 절차를 거치지 않은 피해자에 대해서도 국가배상 책임을 인정하게 된다면 법적 안정성이 흔들리게 된다고 본다. 따라서 법적 안정성의 유지를 위해서는 피해자의 권리가 희생될 수 있다고 보는 입장이다.

④ ㉠은 법관이 해당 직무 수행에서 요구되는 법적 기준을 현저하게 위반했을 경우 재판의 위법성을 인정하여 국가배상 책임을 청구할 수 있도록 허용한다.

⑤ ㉠은 법관이 해당 직무 수행에서 요구되는 법적 기준을 현저하게 위반했을 경우를 제외하고는 상급 법원이 다른 판단을 하였다는 사정으로는 재판의 위법성을 인정하지 않는다.

			정답/오답의 기준		
문항 번호	논리부정 (상반) A → not A	인과 역전 A → B ←	주체 왜곡 A&a / B&b → A&b B&a	논리곱 / 합 (and / or) (100% / 예외)	오답 / 부재
①					
②					
③	V				
④					
⑤					

2

주차

문학

기출로 분석하기 - 2020. 수능 ③, ④

[1~4] 다음 글을 읽고 물음에 답하시오.

[앞부분의 줄거리] 아들 유세기가 부모의 허락 없이 백공과 혼사를 결정했다고 여긴 선생은 유세기를 집에서 내쫓는다.

백공이 왈,

"혼인은 좋은 일이라 서로 헤아려 잘 생각할 것이니 어찌 이같이 좋지 않은 일 이 일어나는가? 내가 한림의 재모를 아껴 이같이 기별해 사위를 삼고자 하였더니 선생 형제는 도학군자라 예가 아닌 것을 문책하시는도다. 내가 마땅히 곡절을 말하리라."

이에 백공이 유씨 집안에 이르러 선생 형제를 보고 인사를 하고 나서 흔쾌히 웃으며 가로되,

"제가 두 형과 더불어 죽마고우로 절친하고 또 아드님의 특출함을 아껴 제 딸의 배필로 삼고자 하여, 어제 세기를 보고 여차여차하니 아드님이 단호하게 말하고 돌아가더이다. 제가 더욱 흠모하여 염치를 잊고 거짓말로 일을 꾸며 구혼하면서 '정약'이라는 글자 둘을 더했으니 이는 진실로 저의 희롱함이외다. 두 형께서 과도히 곧이듣고 아드님을 엄히 꾸짖으셨다 하니, 혼사에 도리어 훼방이 되었으므로 어찌 우습지 않으리까? 원컨대 두 형은 아드님을 용서하여 아드님이 저를 원망하게 하지 마오."

선생과 승상이 바야흐로 아들의 죄가 없는 줄을 알고 기뻐하면서 사례하여 왈,

"저희 자식이 분에 넘치게 공의 극진한 대우를 받으니 마땅히 그 후의를 받들 만하되, 이는 선조로부터 대대로 내려오는 가법이 아니기에 감히 재취를 허락하지 못하였소이다. 저희 자식이 방자함이 있나 통탄하였더니 그간 곡절이 이렇듯 있었소이다."

백공이 화답하고 이윽고 돌아가서 다시 혼삿말을 이르지 못하고 딸을 다른 데로 시집보냈다. 선생이 백공을 돌려보낸 후에 한림을 불러 앞으로 더욱 행실을 닦을 것을 훈계하자 한림이 절을 하면서 명령을 받들었다. 차후 더욱 예를 삼가고 배우기를 힘써 학문과 도덕이 날로 숙연하고, 소 소저와 더불어 백수해로하면서 여덟 아들, 두 딸을 두고, 집안에 한 명의 첩도 없이 부부 인생 희로를 요동함이 없더라.

승상의 둘째 아들 세형의 자는 문희이니, 형제 중 가장 빼어났으니 산천의 정기와 일월의 조화를 타고 태어나 아름다운 얼굴은 윤택한 옥과 빛나는 봄꽃 같고, 호탕하고 깨끗한 풍채는 용과 호랑이의 기상이 있으며, 성품이 호기롭고 의협심이 강하여 맑고 더러움의 분별을 조금도 잃지 않으니, 부모가 매우 사랑하여 며느리를 널리 구하더라.

(중략)

화설, 장 씨 ㉠ 이화정에 돌아와 긴 단장을 벗고 난간에 기대어 하늘가를 바라보며 평생 살아갈 계책을 골똘히 헤아리자, 한이 눈썹에 맺히고 슬픔이 마음속에 가득하여 생각하되,

[A]
'내가 재상가의 귀한 몸으로 유생과 백년가약을 맺었으니 마음이 흡족하고 뜻이 즐거울 것이거늘, 천자의 귀함으로 한 부마를 뽑는데 어찌 구태여 나의 아름다운 낭군을 빼앗아 가 위세로써 나로 하여금 공주 저 사람의 아래가 되게 하셨는가? 도리어 저 사람의 덕을 찬송하고 은혜를 읊어 한없는 영광은 남에게 돌려보내고 구차한 자취는 내 일신에 모이게 되었도다. 우주 사이는 우러러 바라보기나 하려니와 나와 공주의 현격함은 하늘과 땅 같도다. 나의 재주와 용모가 저 사람보다 떨어지는 것이 없고 먼저 혼인 예물까지 받았는데 이처럼 남의 천대를 감심할 줄 어찌 알리오? 공주가 덕을 베풀수록 나의 몸엔 빛이 나지 않으니 제 짐짓 능활하여 아버님, 어머님이나 시누이를 제 편으로 끌어들인다면 낭군의 마음은 이를 좇아 완전히 달라질지라. 슬프다, 나의 앞날은 어이 될고?'

생각이 이에 미치자 북받쳐 오르는 한이 마음속에 가득 쌓이기 시작하니 어찌 좋은 뜻이 나리오? 정히 눈물을 머금고 마음을 붙일 곳 없어하더니, 문득 세형이 보라색 두건과 녹색 도포를 가볍게 나부끼며 이르러 장 씨의 참담한 안색을 보고 옥수를 잡고 어깨를 비스듬히 기대게 하며 물어 왈,

"그대 무슨 일로 슬픈 빛이 있나뇨? 나를 좇음을 원망하는가?"

장 씨가 잠시 동안 탄식 왈,

[B]
"낭군은 부질없는 말씀 마옵소서. 제가 낭군을 좇는 것을 원망했다면 어찌 깊은 규방에서 홀로 늙는 것을 감심하였사오리까? 다만 제가 귀댁에 들어온 지 오륙일이 지났으나 좌우에 친한 사람이 없고 오직 우러르는 바는 아버님, 어머님과 낭군뿐이라 어린 여자의 마음이 편안하지 못한 바이옵니다. 공주가 위에 계셔 온 집의 권세를 오로지 하시니 그 위의와 덕택이 저로 하여금 변변찮은 재주 가진 하졸이 머릿수나 채워 우물 속에서 하늘을 바라보는 것

같게 만드옵니다. 제가 감히 항거할 뜻이 있는 것이 아니나 평생의 신세가 구차하여 슬프고, 진양궁에 나아가면 궁비와 시녀들이 다 저를 손가락질하며 비웃어 한 가지 일도 자유롭게 하지 못하게 하옵고, 제 입에서 말이 나면 일천여 시녀가 다 제 입을 가리니, 공주의 은덕에 의지하여 겨우 실례를 면하고 돌아왔사옵니다."

부마가 바야흐로 장 씨의 외로움을 가련하게 여기고 공주의 위세가 장 씨를 억누르는 것을 좋지 않게 여기고 있다가 장 씨의 이렇듯 애원한 모습을 보자 크게 불쾌하여 장 씨를 위한 애정이 샘솟는 듯하였다. 은근하고 간곡하게 장 씨를 위로하고 그 절개와 외로움에 감동하여 이날부터 발자취가 ⓒ 의화정을 떠나지 않았다. 연리지와 같은 신혼의 정은 양왕의 꿈에 빠진 듯 어지럽고, 낙천의 마음이 취한 듯 기쁘고 즐거워 바라던 바를 다 얻은 듯한 마음은 세상에 비할 데가 없더라.

– 작자 미상, 「유씨삼대록」 –

01 이같이 좋지 않은 일 에 대한 이해로 적절하지 않은 것은?

① 백공의 거짓말 때문에 일어난 일이다.
② 백공이 한림을 곤경에 처하게 한 일이다.
③ 선생과 승상 사이에서 의견 대립이 심화된 일이다.
④ 한림이 선생과 승상으로부터 꾸지람을 당한 일이다.
⑤ 백공이 한림을 자신의 딸과 혼인시키려다 일어난 일이다.

02 [A]와 [B]에 대한 설명으로 적절하지 않은 것은?

① [A]와 [B]는 모두 과거 사건에 대한 정보를 제공하고 있다.
② [A]와 [B]는 모두 비유적 진술을 통해 자신이 처한 상황을 부각하고 있다.
③ [A]는 [B]와 달리 타인에 대한 자신의 원망을 의문형 표현을 활용하여 드러내고 있다.
④ [B]는 [A]와 달리 대화 상대의 환심을 사기 위해 자신의 우월한 지위를 드러내고 있다.
⑤ [A]는 앞으로의 일을 추정하는, [B]는 지난 일을 토로하는 방식으로 자신의 우려를 제시하고 있다.

03 '장 씨'를 중심으로 ⓐ과 ⓒ을 이해한 내용으로 가장 적절한 것은?

① ⓐ은 학문을 연마하는 공간이고, ⓒ은 덕행을 닦는 공간이다.
② ⓐ은 불신을 드러내는 공간이고, ⓒ은 조소를 당하는 공간이다.
③ ⓐ은 한탄을 드러내는 공간이고, ⓒ은 애정을 확인하는 공간이다.
④ ⓐ은 계책을 꾸미는 공간이고, ⓒ은 외로움을 인내하는 공간이다.
⑤ ⓐ은 선후 시비를 따지는 공간이고, ⓒ은 오해를 해소하는 공간이다.

04 <보기>를 참고하여 윗글을 감상한 내용으로 적절하지 않은 것은? [3점]

●보 기●

「유씨삼대록」은 유씨 3대 인물들의 이야기들을 연결한 국문 장편 가문 소설이다. 각 이야기는 그 자체로 완결성을 갖추고 있어 독립적이지만, 혼사나 그로부터 파생된 각각의 갈등이 동일한 가문 내에서 전개된다는 점에서 연결된다. 이러한 갈등은 가법이나 인물의 성격에서 유발된다. 가문의 구성원들은 혼사를 둘러싼 갈등이 가문의 안정과 번영을 저해한다고 여겼기에, 가문 차원에서 이를 해결해 간다.

① 유세기 이야기와 유세형 이야기를 보니, 각각의 갈등이 한 가문의 혼사를 중심으로 발생한다는 점에서 두 이야기가 서로 연결되어 있음을 알 수 있군.
② 유세기의 혼사 문제에 선생과 승상이 관여한 것을 보니, 혼사를 둘러싼 갈등 해결이 가문 구성원들의 문제로 다루어짐을 알 수 있군.
③ 유세기가 혼사와 관련한 곤욕을 치른 것과 유세형이 공주를 멀리한 것을 보니, 가법과 인물의 성격 간의 대립이 갈등의 원인임을 알 수 있군.
④ 백공이 유세기를 사위 삼으려는 것과 천자가 유세형을 부마 삼은 것을 보니, 혼사가 혼인 당사자 개인의 문제에 그치지 않음을 알 수 있군.
⑤ 유세기가 평생 첩을 두지 않고 소 소저와 해로했다는 것을 보니, 유세기를 둘러싼 혼사 갈등이 해소되며 이야기 하나가 마무리됨을 알 수 있군.

[유씨삼대록]

[앞부분의 줄거리] 아들 유세기가 부모의 허락 없이 백공과 혼사를 결정했다고 여긴 선생은 유세기를 집에서 내쫓는다.

1) 백공이 왈,

"혼인은 좋은 일이라 서로 헤아려 잘 생각할 것이니 어찌 이같이 좋지 않은 일이 일어나는가? 내가 한림의 재모를 아껴 이같이 기별해 사위를 삼고자 하였더니 선생 형제는 도학군자라 예가 아닌 것을 문책하시는도다. 내가 마땅히 곡절을 말하리라."

2) 이에 백공이 유씨 집안에 이르러 선생 형제를 보고 인사를 하고 나서 흔쾌히 웃으며 가로되,

"제가 두 형과 더불어 죽마고우로 절친하고 또 아드님의 특출함을 아껴 제 딸의 배필로 삼고자 하여, 어제 세기를 보고 여차여차하니 아드님이 단호하게 말하고 돌아가더이다. 제가 더욱 흠모하여 염치를 잊고 거짓말로 일을 꾸며 구혼하면서 '정약'이라는 글자 둘을 더했으니 이는 진실로 저의 희롱함이외다. 두 형께서 과도히 곧이듣고 아드님을 엄히 꾸짖으셨다 하니, 혼사에 도리어 훼방이 되었으므로 어찌 우습지 않으리까? 원컨대 두 형은 아드님을 용서하여 아드님이 저를 원망하게 하지 마오."

3) 선생과 승상이 바야흐로 아들의 죄가 없는 줄을 알고 기뻐하면서 사례하여 왈,

"저희 자식이 분에 넘치게 공의 극진한 대우를 받으니 마땅히 그 후의를 받들 만하되, 이는 선조로부터 대대로 내려오는 가법이 아니기에 감히 재취를 허락하지 못하였소이다. 저희 자식이 방자함이 있나 통탄하였더니 그간 곡절이 이렇듯 있었소이다."

4) 백공이 화답하고 이윽고 돌아가서 다시 혼삿말을 이르지 못하고 딸을 다른 데로 시집보냈다. 선생이 백공을 돌려보낸 후에 한림을 불러 앞으로 더욱 행실을 닦을 것을 훈계하자 한림이 절을 하면서 명령을 받들었다. 차후 더욱 예를 삼가고 배우기를 힘써 학문과 도덕이 날로 숙연하고, 소 소저와 더불어 백수해로하면서 여덟 아들, 두 딸을 두고, 집안에 한 명의 첩도 없이 부부 인생 희로를 요동함이 없더라.

5) 승상의 둘째 아들 세형의 자는 문희이니, 형제 중 가장 빼어났으니 산천의 정기와 일월의 조화를 타고 태어나 아름다운 얼굴은 윤택한 옥과 빛나는 봄꽃 같고, 호탕하고 깨끗한 풍채는 용과 호랑이의 기상이 있으며, 성품이 호기롭고 의협심이 강하여 맑고 더러움의 분별을 조금도 잃지 않으니, 부모가 매우 사랑하여 며느리를 널리 구하더라.

(중략)

6) 화설, 장 씨 이화정에 돌아와 긴 단장을 벗고 난간에 기대어 하늘가를 바라보며 평생 살아갈 계책을 골똘히 헤아리자, 한이 눈썹에 맺히고 슬픔이 마음속에 가득하여 생각하되,

'내가 재상가의 귀한 몸으로 유생과 백년가약을 맺었으니 마음이 흡족하고 뜻이 즐거울 것이거늘, 천자의 귀함으로 한 부마를 뽑는데 어찌 구태여 나의 아름다운 낭군을 빼앗아 가 위세로써 나로 하여금 공주 저 사람의 아래가 되게 하셨는가? 도리어 저 사람의 덕을 찬송하고 은혜를 읊어 한없는 영광은 남에게 돌려보내고 구차한 자취는 내 일신에 모이게 되었도다. 우주 사이는 우러러 바라보기나 하려니와 나와 공주의 현격함은 하늘과 땅 같도다. 나의 재주와 용모가 저 사람보다 떨어지는 것이 없고 먼저 혼인 예물까지 받았는데 이처럼 남의 천대를 감심할 줄 어찌 알리오? 공주가 덕을 베풀수록 나의 몸엔 빛이 나지 않으리니 제 짐짓 능활하여 아버님, 어머님이나 시누이를 제 편으로 끌어들인다면 낭군의 마음은 이를 좇아 완전히 달라질지라. 슬프다, 나의 앞날은 어이 될고?'

7) 생각이 이에 미치자 북받쳐 오르는 한이 마음속에 가득 쌓이기 시작하니 어찌 좋은 뜻이 나리오? 정히 눈물을 머금고 마음을 붙일 곳 없어하더니, 문득 세형이 보라색 두건과 녹색 도포를 가볍게 나부끼며 이르러 장 씨의 참담한 안색을 보고 옥수를 잡고 어깨를 비스듬히 기대게 하며 물어 왈,

"그대 무슨 일로 슬픈 빛이 있나뇨? 나를 좇음을 원망하는가?"

8) 장 씨가 잠시 동안 탄식 왈,

"낭군은 부질없는 말씀 마옵소서. 제가 낭군을 좇는 것을 원망했다면 어찌 깊은 규방에서 홀로 늙는 것을 감심하였사오리까? 다만 제가 귀댁에 들어온 지 오륙 일이 지났으나 좌우에 친한 사람이 없고 오직 우러르

는 바는 아버님, 어머님과 낭군뿐이라 어린 여자의 마음이 편안하지 못한 바이옵니다. 공주가 위에 계셔 온 집의 권세를 오로지 하시니 그 위의와 덕택이 저로 하여금 변변찮은 재주 가진 하졸이 머릿수나 채워 우물 속에서 하늘을 바라보는 것 같게 만드옵니다. 제가 감히 항거할 뜻이 있는 것이 아니나 평생의 신세가 구차하여 슬프고, 진양궁에 나아가면 궁비와 시녀들이 다 저를 손가락질하며 비웃어 한 가지 일도 자유롭게 하지 못하게 하옵고, 제 입에서 말이 나면 일천여 시녀가 다 제 입을 가리니, 공주의 은덕에 의지하여 겨우 실례를 면하고 돌아왔사옵니다."

9) 부마가 바야흐로 장 씨의 외로움을 가련하게 여기고 공주의 위세가 장 씨를 억누르는 것을 좋지 않게 여기고 있다가 장 씨의 이렇듯 애원한 모습을 보자 크게 불쾌하여 장 씨를 위한 애정이 샘솟는 듯하였다. 은근하고 간곡하게 장 씨를 위로하고 그 절개와 외로움에 감동하여 이날부터 발자취가 이화정을 떠나지 않았다. 연리지와 같은 신혼의 정은 양왕의 꿈에 빠진 듯 어지럽고, 낙천의 마음이 취한 듯 기쁘고 즐거워 바라던 바를 다 얻은 듯한 마음은 세상에 비할 데가 없더라.

☆ 행동 영역

- 서술자(시점) 파악
= 중요한 것은 단순한 시점이 아닌, 서술자의 위치, 시각, 태도!
- 소설은 '갈등'이 가장 중요
= 모든 것은 '갈등'을 위한 Base임을 잊지 말자!
(인물이 인식하는 부정적 상황 파악)
- '갈등' 파악(사건단위끊기)
= 인물 교체 지점, 배경 전환 지점 체크
- '갈등 양상' 파악
= 갈등 고조 or 갈등 해소 체크
- 인물의 '심리'를 기준으로 '대화/행동/반응/태도'의 기준 잡기
= 맥락으로 파악!
- 인물들이 나오면 '갈등' 관계인지 '동맹'관계인지 파악

★ 사고 영역

[핵심 point] 유씨삼대록

1) 갈등 파악 : 갈등 제시, 갈등 해소 구분해주기
위 지문은 (중략) 전후로 각각 하나씩의 갈등이 있다. (중략) 전의 갈등은, '백공'의 거짓말로 발단이 이루어진다. '정약'에 대한 거짓말을 통해 '유세기'는 부모님의 오해를 사 집에서 쫓겨나게 된다. '백공'이 사실을 말하고서야 오해는 풀린다.

(중략) 후의 갈등은, '장 씨'와 '공주'의 갈등을 중심으로 진행된다. '장 씨'는 '유세형'과 혼약을 맺었는데, '유세형'은 국가에서 강제한 혼인을 통해 왕의 부마가 된다. 이에 따라, '장 씨'는 '공주'의 견제를 받게 되고, '장 씨'는 이러한 고민을 결국 '유세형'에게 털어놓게 된다. '유세형'은 이를 이해하고, 이화당에서 '장 씨'와 보다 오랜 시간을 함께 보내며 갈등이 해소된다.

2) 인물의 심리/대화/반응/정서/태도
서술자가 주목하는 중심 인물이 이야기의 진행에 따라 바뀐다. 처음엔 '선생', 이후엔 '장 씨'의 감정을 중심으로 이야기를 진행한다. '선생'은 아들이 괘씸하여 집에서 내쫓았으나, 오해가 풀린 이후 안도함과 동시에 한림(유세기)이 행실을 조금 더 바르게 할 것을 강조하였다.
'장 씨'는 나라의 부마가 된 남편 유세형을 원망하지는 않고, 남편을 빼어간 국왕의 뜻과 공주에 대하여 탄식하고 한탄한다. 이후 남편의 사랑을 얻어 '신혼의 정'을 누리게 되었을 때는 '기쁘고 즐거워 바라는 바를 다 얻은 듯'하다.

01

정답해설

③ 유세기가 부모의 허락 없이 백공과 혼사를 결정했다고 여긴 선생과 승상은 이 일을 문책하고 유세기를 집에서 내쫓는다. '이같이 좋지 않은 일'이 일어나자 백공이 유씨 집안에 찾아가 곡절을 말하고 선생과 승상은 유세기가 죄가 없다는 것을 알게 된다. '이같이 좋지 않은 일'은 유세기가 혼사와 관련하여 곤욕을 치른 것을 가리키는 것이므로, 선생과 승상 사이에서 의견 대립이 심화된 일을 가리키는 것이 아니다.

오답해설

① 백공은 '거짓말로 일을 꾸며 구혼하면서 '정약'이라는 글자 둘을 더했'다. 이로 인해 한림(유세기)이 꾸지람을 듣고 집에서 내쫓기는 곤욕을 치르게 되었다.

② 백공이 거짓말로 일을 꾸미고 '정약'이라는 글자를 더한 탓에, 선생과 승상은 한림이 부모의 허락 없이 혼사를 결정했다고 여기고 한림을 문책하였다. 백공이 한림을 곤경에 처하게 한 것이다.

④ 선생과 승상은 한림이 부모의 허락 없이 혼사를 결정했다고 여기고 한림을 엄히 꾸짖었다.

⑤ 백공이 한림의 특출함을 아껴 딸의 배필로 삼으려고 거짓말로 일을 꾸며 혼인시키려다 일어난 일이다. 이 때문에 한림은 꾸지람을 듣고 집에서 내쫓기는 곤욕을 치르게 되었다.

정답/오답의 기준

문항 번호	정서/태도 오류 반대 서술, 문맥흐름X	상황(배경) 오류 시간적, 공간적배경 오류	주체 왜곡 주체/대상 오류	갈등 오류 내용X, 문맥흐름X	논리 오류 보기 오류	개념어 오류 O, X
①						
②						
③			V			
④						
⑤						

02

정답해설

④ [B]에서 장 씨는 낭군(유세형)에게 공주로 인하여 자신의 평생의 신세가 구차하게 되었다며 신세 한탄을 하고 있다. 그러나 장 씨가 유세형의 환심을 사기 위해 자신의 우월한 지위를 드러내고 있지는 않다. 또한 [A]는 장 씨의 생각을 드러낸 장면으로, 대화 상대는 설정되어 있지 않다.

오답해설

① [A]는 장 씨가 한스러움을 느끼게 된 사건, 즉 유세형이 부마가 된일에 대한 정보를 제공하고 있으며, [B]는 장 씨가 공주의 위세로 인해 억눌림을 당하고 슬픔을 느낀 일에 대한 정보를 제공하고 있다.

② [A]의 '나와 공주의 현격함은 하늘과 땅 같도다.', [B]의 '변변찮은 재주 가진 하졸이 머릿수나 채워 우물 속에서 하늘을 바라보는 것 같게 만드옵니다.'는 공주의 위세로 억눌림을 당하는 장 씨의 상황을 부각하고 있다.

③ [A]의 '나로 하여금 공주 저 사람의 아래가 되게 하셨는가?'와 같은 의문형 표현을 통해 공주에 대한 장 씨의 원망을 드러내고 있다. [B]에는 '제가 낭군을 좇는 것을 원망했다면 어찌 깊은 규방에서 홀로 늙는 것을 감심하였사오리까?'라는 의문형 표현이 있지만 이는 타인에 대한 원망을 드러낸 것이 아니다.

⑤ [A]에서 장 씨는 '슬프다, 나의 앞날은 어이 될고?'라고 하며 앞으로의 일에 대한 우려를 드러내고 있고, [B]에서 장 씨는 진양궁에서 궁비와 시녀들이 자신을 손가락질하며 비웃던 일 등의 지난 일을 토로하며 자신의 신세에 대한 우려를 표현하고 있다.

정답/오답의 기준

문항 번호	정서/태도 오류 반대 서술, 문맥흐름X	상황(배경) 오류 시간적, 공간적배경 오류	주체 왜곡 주체/대상 오류	갈등 오류 내용X, 문맥흐름X	논리 오류 보기 오류	개념어 오류 O, X
①						
②						
③						
④	V					
⑤						

③ 장 씨는 ㉠에서 유세형이 부마가 됨에 따라 자신이 천대를 받는 처지가 되었다며 슬픔과 한스러움을 토로하였다. 이러한 장 씨의 모습을 본 유세형은 장 씨에게 애정을 느끼고 ㉡을 떠나지 않고 신혼의 정을 나누었다. 장 씨의 한탄을 드러내는 공간이었던 ㉠이 장 씨가 애정을 확인하는 공간인 ㉡으로 변화하게 된 것이다.

오답해설

① 장 씨가 ㉠에서 학문을 연마하지는 않았으며, ㉡에서 덕행을 닦지도 않았다.

② 장 씨는 ㉠에서 자신의 처지를 한탄하며 슬픔을 토로하였다. ㉡에서 장 씨가 비웃음을 당하고 있지도 않다.

④ 장 씨는 ㉠에서 신세 한탄을 하고 있지만 계책을 꾸미지는 않았다. ㉡은 장 씨가 외로움을 인내하는 공간이 아니라 애정을 확인하는 공간이다.

⑤ 장 씨가 ㉠에서 일의 선후 시비를 따지고 있지는 않다. 장 씨는 항거할 뜻을 가지고 있지 않고 자신의 신세가 구차하고 슬프게 되었다며 한탄하고 있는 것이다. 또한 장 씨가 오해를 하고 있었던 것이 아니므로 ㉡은 장 씨가 오해를 해소하는 공간이 아니다.

문항 번호	정서/태도 오류 반대 서술, 문맥흐름X	상황(배경) 오류 시간적, 공간적배경 오류	주체 왜곡 주체/대상 오류	갈등 오류 내용X, 문맥흐름X	논리 오류 보기 오류	개념어 오류 O, X
						정답/오답의 기준
①		V				
②		V				
③						
④	V	V				
⑤		V		V		

③ 유세기가 가법을 어기고자 한 것은 아니며, 백공의 거짓말로 인해 '좋지 않은 일'이 발생한 것이다. 또한 유세형이 공주를 멀리하게 된 것은 유세형이 장 씨를 가련하게 여기게 되었기 때문이다. 따라서 가법과 인물의 성격 간의 대립이 갈등의 원인은 아니다.

오답해설

① 유세기가 부모의 허락 없이 백공과 혼사를 결정했다고 여긴 선생과 승상이 유세기를 문책하고 내쫓은 것, 유세형이 부마가 됨에 따라 장 씨가 천대를 받고 한스러움을 느낀 것은 모두 가문의 혼사와 관련된 것으로, 유세기 이야기와 유세형 이야기가 연결되어 있음을 보여 준다.

② 선생과 승상은 유세기의 혼사 문제에 관여하여 유세기를 문책하였다. 또한 백공에게 곡절을 들은 후에 '선조로부터 내려오는 가법이 아니기에 감히 재취를 허락하지 못하였소이.'라고 하였다. 혼사를 둘러싼 갈등 해결이 선생과 승상 등 가문의 구성원들과 관련하여 이루어진 것이다.

④ 백공은 유세기를 딸의 배필로 삼고자 하여 일을 꾸몄다. 천자 역시 유세형을 부마로 뽑았다. 혼인의 당사자가 아닌 혼인 당사자의 부친이 혼사를 주도한 것으로, 혼사가 당사자 개인의 문제가 아니라 가문과 연관되어 있는 것임을 알 수 있다.

⑤ 유세기는 선생과 승상의 명령을 받들어 예를 삼가고 배우기를 힘썼으며 소 소저와 더불어 백수해로하였다. 이는 유세기가 혼사와 관련하여 곤욕을 치른 일이 해소되고, 유세기와 관련된 혼사 이야기가 마무리되었음을 말해 준다.

문항 번호	정서/태도 오류 반대 서술, 문맥흐름X	상황(배경) 오류 시간적, 공간적배경 오류	주체 왜곡 주체/대상 오류	갈등 오류 내용X, 문맥흐름X	논리 오류 보기 오류	개념어 오류 O, X
						정답/오답의 기준
①						
②						
③		V		V		
④						
⑤						

[1~3] 다음 글을 읽고 물음에 답하시오.

(가)

바람이 어디로부터 불어와
어디로 불려 가는 것일까,

㉠ 바람이 부는데
내 괴로움에는 이유가 없다.

내 괴로움에는 이유가 없을까,

단 한 여자를 사랑한 일도 없다.
시대를 슬퍼한 일도 없다.

㉡ 바람이 자꾸 부는데
내 발이 반석 위에 섰다.

강물이 자꾸 흐르는데
내 발이 언덕 위에 섰다.

– 윤동주, 「바람이 불어」 –

(나)

새는 새장 밖으로 나가지 못한다.
매번 머리를 부딪치고 날개를 상하고 나야 보이는,
창살 사이의 간격보다 큰, 몸뚱어리.
하늘과 산이 보이고 ㉢ 울음 실은 공기가 자유로이 드나드는
그러나 살랑거리며 날개를 굳게 다리에 매달아 놓는,
그 적당한 간격은 슬프다.
그 창살의 간격보다 넓은 몸은 슬프다.
넓게, 힘차게 뻗은 날개가 있고
㉣ 날개를 힘껏 떠받쳐 줄 공기가 있지만
새는 다만 네 발 달린 짐승처럼 걷는다.
부지런히 걸어 다리가 굵어지고 튼튼해져서
닭처럼 날개가 귀찮아질 때까지 걷는다.
새장 문을 활짝 열어 놓아도 날지 않고
닭처럼 모이를 향해 달려갈 수 있을 때까지 걷는다.
㉤ 걸으면서, 가끔, 창살 사이를 채우고 있는 바람을
부리로 쪼아 본다, 아직도 벽이 아니고
공기라는 걸 증명하려는 듯.
유리보다도 더 환하고 선명하게 전망이 보이고
울음 소리 숨내음 자유롭게 움직이도록 고안된 공기,
그 최첨단 신소재의 부드러운 질감을 음미하려는 듯.

– 김기택, 「새」 –

01 (가)에 대한 이해로 가장 적절한 것은?

① '불려 가는'이라는 피동 표현을 통해 자신이 처한 현실에 순응하려는 화자의 태도를 강조하고 있다.

② '이유가 없을까'라는 물음의 형식으로 화자의 정신적 고통에 타당한 이유가 없음을 단정하고 있다.

③ '사랑한 일'과 '슬퍼한 일'을 병치하여 화자의 개인적 불행이 시대에 대한 무관심의 원인임을 암시하고 있다.

④ '없다'의 반복을 활용하여 자신의 삶과 내면을 응시하는 화자의 반성적 자세를 드러내고 있다.

⑤ '흐르는데'와 '섰다'의 대비를 통해 변함없는 자연에서 깨달음을 얻으려는 화자의 의지를 드러내고 있다.

02 다음에 제시된 선생님의 안내에 따라, ㉠~㉤을 탐구한 내용으로 적절하지 않은 것은?

━━━● 보 기 ●━━━

공기와 바람은 눈에 보이지 않지만 사물의 움직임을 통해 지각되고, 계속 움직이며 대상에 영향을 주는 힘으로 인식되기도 합니다. 이런 속성이 시에 어떻게 활용되는지 알아봅시다.

① ㉠에서는 움직임이라는 '바람'의 속성을 '괴로움'이라는 내면의 흔들림을 지각하는 계기로 활용하고 있다.

② ㉡에서는 끊임없이 움직이는 '바람'의 속성을 활용해 '내 발'을 '반석 위'로 이끄는 힘을 보여 주고 있다.

③ ㉢에서는 자유롭게 창살 사이를 이동하는 '공기'의 속성을 '새'가 처한 상황을 부각하는 데 활용하고 있다.

④ ㉣에서는 '날개'를 '힘껏' 떠받치는 '공기'의 속성을 활용해 '새'의 '날개'가 '공기'의 힘을 이용할 수 있음을 암시하고 있다.

⑤ ㉤에서는 보이지 않지만 존재하는 '바람'의 속성을 활용해 '창살 사이'의 빈 공간을 쪼는 '새'의 동작에 의미를 부여하고 있다.

03 〈보기〉를 바탕으로 (나)를 감상한 내용으로 적절하지 않은 것은? [3점]

───── ● 보 기 ● ─────

「새」에서 '새장에 갇힌 새'는 일상의 안온함에 길들어 자유를 억압하는 일상을 벗어나지 못하는 현대인의 알레고리이다. '새'의 행동에 대한 묘사는 일상에 충실할수록 잠재된 힘과 본질을 잃어 가는 아이러니와, 일상에 만족하며 자유로운 삶의 가능성을 외면하는 현대인의 모습을 보여 준다.

① 몸이 창살에 부딪치고 나서야 창살의 간격이 보이는 새는, 일상에 갇힌 자신을 의식하는 현대인의 모습을 보여 주는군.

② 바깥 풍경이 보일 정도로 적당한 간격의 창살로 된 새장은, 안온함과 억압성이라는 양가성을 지닌 일상을 보여 주는군.

③ 닭처럼 날개가 귀찮아질 때까지 부지런히 걷는 새는, 성실한 생활이 잠재력의 상실로 이어지는 아이러니를 보여 주는군.

④ 새장 문이 열려도 날지 않고 모이를 향해 달려갈 수 있을 때까지 걷는 새는, 자신의 본질에 충실하다 보니 오히려 자유를 상실하게 되는 상황을 보여 주는군.

⑤ 하늘을 자유롭게 날도록 날개를 밀어 올리는 공기를 음미할 대상으로만 여기는 듯한 새는, 자유로운 삶의 가능성을 외면하고 일상에 안주하려는 현대인의 모습을 보여 주는군.

[바람이 불어 – 윤동주]

1) 바람이 어디로부터 불어와
   어디로 불려 가는 것일까,

   바람이 부는데
   내 괴로움에는 이유가 없다.

2) 내 괴로움에는 이유가 없을까,

   단 한 여자를 사랑한 일도 없다.
   시대를 슬퍼한 일도 없다.

3) 바람이 자꾸 부는데
   내 발이 반석 위에 섰다.

   강물이 자꾸 흐르는데
   내 발이 언덕 위에 섰다.

☆ 행동 영역

◦ 서술자가 표면에 드러나 있는지 체크
◦ 시적 상황 파악 (객관적 상황) [시간/공간적 배경 확인] = (+) 긍정적 상황인지 or (−)부정적 상황인지 확인
◦ 주관적 인식 파악 (정서/태도/반응) = (+) 긍정적 태도인지 or (−) 부정적 태도인지 확인
◦ 제일 중요!! = 결국, 화자의 정서가 변화(− → + or + → −)하는지 심화(− → −− or + → ++)하는지 파악하기

★ 사고 영역

[핵심 point] 바람이 불어
1) 시적 상황 : 화자는 '바람'이 부는 상황 속에 놓여 있다. 이에 화자는 자신의 '괴로움'에 관하여 성찰하는 것으로 시상을 전개한다.

2) 정서/태도 : 부정적 정서 심화 (− → −−)

화자는 시의 전반부에서 '괴로움'이라는 시어를 언급하며 자신의 감정을 드러내고 있다. 그리고 자신의 괴로움의 원인에 대해서 탐색한 후, 자신의 현재 상황에 대해 서술하고 있다. '시대'를 언급하는 것으로 미루어 화자의 괴로움의 이유를 짐작할 수 있으며, 소극적으로 현실에 대응하고 있는 자신의 모습을 조명하며 시상을 마무리하고 있으므로, 위의 내적 갈등이 해결되었다고 보기 어렵다.

[새 – 김기택]

1) 새는 새장 밖으로 나가지 못한다.
   매번 머리를 부딪치고 날개를 상하고 나야 보이는,
   창살 사이의 간격보다 큰, 몸뚱어리.
   하늘과 산이 보이고 울음 실은 공기가 자유로이 드나드는
   그러나 살랑거리며 날개를 굳게 다리에 매달아 놓는,
   그 적당한 간격은 슬프다.
   그 창살의 간격보다 넓은 몸은 슬프다.
2) 넓게, 힘차게 뻗을 날개가 있고
   날개를 힘껏 떠받쳐 줄 공기가 있지만
   새는 다만 네 발 달린 짐승처럼 걷는다.
   부지런히 걸어 다리가 굵어지고 튼튼해져서
   닭처럼 날개가 귀찮아질 때까지 걷는다.
   새장 문을 활짝 열어 놓아도 날지 않고
   닭처럼 모이를 향해 달려갈 수 있을 때까지 걷는다.
3) 걸으면서, 가끔, 창살 사이를 채우고 있는 바람을
   부리로 쪼아 본다, 아직도 벽이 아니고
   공기라는 걸 증명하려는 듯.
   유리보다도 더 환하고 선명하게 전망이 보이고
   울음 소리 숨내음 자유롭게 움직이도록 고안된 공기,
   그 최첨단 신소재의 부드러운 질감을 음미하려는 듯.

☆ 행동 영역

◦ 서술자가 표면에 드러나 있는지 체크
◦ 시적 상황 파악 (객관적 상황) [시간/공간적 배경 확인] = (+) 긍정적 상황인지 or (−)부정적 상황인지 확인
◦ 주관적 인식 파악 (정서/태도/반응) = (+) 긍정적 태도인지 or (−) 부정적 태도인지 확인

◦ 제일 중요!! = 결국, 화자의 정서가 변화(- →
+ or + → -) 하는지 심화(- → -- or + →
++)하는지 파악하기

★ 사고 영역

[핵심 point] 새

1) 시적 상황 : 화자는 새장에 갇혀 있는 새를 관찰
하고 있다. 몸이 창살에 부딪히고 나서야 창살의 간
격을 인식하는 새는, 새장 속의 생활에 적응하여 창
살이 열려도 날지 않고 닭처럼 걷는다.

2) 정서/태도 : 변화/심화 X

화자는 처음부터 끝까지 관조적인 태도를 유지한
다. 하지만, 새를 관찰하여 그 태도를 독자에게 전달
함으로서, 현대인의 길들여지고 무기력한 삶에 대해
서 상징적으로 고발하고자 한다.

01

정답해설

④ '내 괴로움에는 이유가 없다.', '단 한 여자를 사랑한 일도 없다.', '시대를 슬퍼한 일도 없다.'에서 '없다'를 반복적으로 사용하여, 화자는 자신의 괴로움의 이유를 생각하고, 삶을 반성적으로 성찰하고 있다.

오답해설

① '불려 가는'이라는 피동 표현은 자신의 의지대로 살 수 없는 현실 상황을 암시하는 것으로 볼 수 있다. 자신이 처한 현실에 순응하려는 화자의 태도와는 거리가 멀다.

② '이유가 없을까'라는 물음의 형식은 화자의 내적 갈등과 성찰을 의미하는 것으로, 화자가 자신의 정신적 고통에 타당한 이유가 없음을 단정한다고 보기 어렵다.

③ '사랑한 일'과 '슬퍼한 일'을 병치한 것은 화자가 자신의 과거 삶을 되돌아보고 떠올린 여러 상황으로 볼 수 있다. 화자의 개인적 불행이 시대에 대한 무관심의 원인임을 드러낸다고 보기 어렵다.

⑤ '흐르는데'와 '섰다'의 대비는 변화하는 현실 속에서 자신의 삶을 성찰하고 있는 화자의 태도를 드러낸다고 할 수 있다. 이 부분에서 변함없는 자연에서 깨달음을 얻으려는 화자의 의지가 드러나는 것은 아니다.

정답/오답의 기준						
문항 번호	정서/태도 오류 반대 서술, 문맥흐름X	상황(배경) 오류 시간적, 공간적배경 오류	주체 왜곡 주체/대상 오류	갈등 오류 내용X, 문맥흐름X	논리 오류 보기 오류	개념어 오류 O, X
①	V					
②	V					
③	V					
④						
⑤	V					

02

정답해설

② 제시 글에서 '바람'을 계속 움직이며 대상에 영향을 주는 힘으로 인식하는 것에 주목한다면, ⓒ에서 '바람'은 현실을 인식하면서도 소극적인 삶에 머물러 있는 화자 자신의 모습을 성찰하는 계기로 작용한다고 볼 수 있다. '바람'의 속성이 '내 발'을 '반석 위'로 이끄는 힘을 보여 준다고 보기는 어렵다.

오답해설

① ㉠에서는 '바람'이 화자의 '괴로움'을 일깨우는 대상으로 드러난다. '바람'의 흔들리는 속성이 화자의 내면을 흔들고, 괴로움을 자각하는 계기로 작용하고 있음을 알 수 있다.

③ ㉢에서는 새장 밖의 자유로운 공간과 새장 안의 폐쇄된 공간을 드나드는 '공기'의 속성을 통해 '새'가 새장에 갇힌 상황을 부각하고 있다.

④ ㉣에서는 새가 '날개'를 사용하여 비상할 때 공기의 힘을 이용할 수 있음을 암시하고 있다.

⑤ ㉤에서는 '아직도 벽이 아니고 / 공기라는 걸 증명하려는 듯' 창살 사이의 바람을 쪼는 새의 행위에 주목하고 있다. 이는 눈에 보이지 않지만 존재하는 '바람'의 속성을 활용해 새의 동작에 의미를 부여한다고 볼 수 있다.

정답/오답의 기준						
문항 번호	정서/태도 오류 반대 서술, 문맥흐름X	상황(배경) 오류 시간적, 공간적배경 오류	주체 왜곡 주체/대상 오류	갈등 오류 내용X, 문맥흐름X	논리 오류 보기 오류	개념어 오류 O, X
①						
②		V				
③						
④						
⑤						

03

정답해설

④ <보기>에 따라, 새장 문이 열려도 날지 않고 모이를 향해 달려갈 수 있을 때까지 걷는 새의 모습은, 일상에만 충실하게 살면서 자유로운 삶의 가능성은 외면하고 있는 현대인의 모습을 드러낸다고 볼 수 있다. 새가 자신의 본질에 충실하다 보니 오히려 자유를 상실하게 된다는 해석은 적절하지 않다.

오답해설

① '매번 머리를 부딪치고 날개를 상하고 나야 보이는, / 창살 사이의 간격보다 큰, 몸뚱어리.'의 구절을 통해, 창살에 부딪친 후에

자신의 존재를 깨닫는 새의 모습이 일상에 갇힌 자신을 의식하는 현대인의 모습과 연결된다고 볼 수 있다.

② '하늘과 산이 보이고 울음 실은 공기가 자유로이 드나드는', '그 적당한 간격'의 창살로 된 새장의 모습은 안온함과 억압성이라는 양가성을 지닌 일상을 의미한다고 볼 수 있다.

③ '네 발 달린 짐승처럼', '부지런히 걸어 다리가 굵어지고 튼튼해' 지는 새장에 갇힌 새의 모습은, 마치 날지 않아서 날개가 본래의 기능을 하지 못하는 닭과 유사하다. 이는 새장 안에서의 성실한 생활이 비상할 수 있는 잠재력을 상실하게 만드는 아이러니를 드러낸다고 볼 수 있다.

⑤ '날개를 힘껏 떠받쳐 줄 공기가 있지만', '부드러운 질감을 음미'하는 데 그치고 마는 새의 모습을 통해, 자유로운 삶의 가능성을 외면하고 일상에 안주하려는 현대인의 모습을 드러낸다고 볼 수 있다.

정답/오답의 기준						
문항 번호	정서/태도 오류	상황(배경) 오류	주체 왜곡	갈등 오류	논리 오류	개념어 오류
	반대 서술, 문맥흐름X	시간적, 공간적배경 오류	주체/대상 오류	내용X, 문맥흐름X	보기 오류	O, X
①						
②						
③						
④			V			
⑤						

거미손

Series 6

독서/문학 심화편

3주차

독서

제재별 독해

기술 ①, ②

[1~3] 다음 글을 읽고 물음에 답하시오.

스마트폰이 등장하면서 모바일 무선 통신은 우리의 삶에서 없어선 안 될 문명의 이기가 되었다. 모바일 무선 통신에 사용되는 전파는 눈에 보이지 않아 실감하기 어렵지만, 가시광선과 X선이 속하는 전자기파의 일종이다. 전파는 대기 중에서 초속 30만 km로 전해지는데, 이는 빛의 속도(c)와 정확히 일치한다. 전파란 일반적으로 '1초에 약 3천~3조 회 진동하는 전자기파'를 말한다. 1초 동안의 진동수를 '주파수(f)'라 하며, 1초에 1회 진동하는 것을 1 Hz라고 한다. 따라서 전파는 3 kHz에서 3 THz의 주파수를 갖는다. 주파수는 파동 한 개의 길이를 의미하는 '파장(λ)'과 반비례 관계에 있다. 즉, 주파수가 높을수록 파장은 짧아지며, 낮을수록 파장은 길어진다. 전자기파의 주파수와 파장을 곱한 수치($c = f\lambda$)는 일정하며, 빛의 속도와 같다.

모바일 무선 통신에서 가시광선이나 X선보다 주파수가 낮은 전파를 쓰는 이유는 정보의 원거리 전달에 용이하기 때문이다. 주파수가 높은 전자기파일수록 직진성이 강해져 대기 중의 먼지나 수증기에 의해 흡수되거나 산란되어 감쇠되기 쉽다. 반면, 주파수가 낮은 전파는 회절성과 투과성이 뛰어나 장애물을 만나면 휘어져 나가고 얇은 벽을 만나면 투과하여 멀리 퍼져 나갈 수 있다. 3 kHz~3 GHz 대역의 주파수를 갖는 전파 중 0.3 MHz 이하의 초장파, 장파 등은 매우 먼 거리까지 전달될 수 있으므로 해상 통신, 표지 통신, 선박이나 항공기의 유도 등과 같은 공공적 용도에 주로 사용된다. 0.3~800 MHz 대역의 주파수는 단파 방송, 국제 방송, FM 라디오, 지상파 아날로그 TV 방송 등에 사용된다. 800 MHz~3 GHz 대역인 극초단파가 모바일 무선 통신에 주로 사용되며 '800~900 MHz 대', '1.8 GHz 대', '2.1 GHz 대', '2.3 GHz 대'의 네 가지 대역으로 나뉜다. 스마트폰 시대에 들어서면서 극초단파 대역의 효율적인 주파수 관리의 중요성이 더욱 커지고 있다. 3 GHz 이상 대역의 전파는 직진성이 매우 강해져 인공위성이나 우주 통신 등과 같이 중간에 장애물이 없는 특별한 경우에 사용된다.

모바일 무선 통신에서 극초단파를 사용하는 이유는 0.3~800 MHz 대역에 비해 단시간에 더 많은 정보의 전송이 가능하기 때문이다. 예로 1 비트의 자료를 전송하는 데 4개의 파동이 필요하다고 하자. 1 kHz의 초장파는 초당 1,000개의 파동을 발생시키기 때문에 매초 250 비트의 정보만을 전송할 수 있지만, 800 MHz 초단파의 경우 초당 8억 개의 파동을 발생시키므로 매초 2억 비트의 정보를, 1.8 GHz 극초단파는 초당 4.5억 비트에 해당하는 대량의 정보를 전송할 수 있다. 극초단파의 원거리 정보 전송 능력의 취약성을 극복하기 위해 모바일 무선 통신에서는 반경 2~5 km 정도의 좁은 지역의 전파만을 송수신하는 무선 기지국들을 가능한 한 많이 설치하고, 이 무선 기지국들을 다시 유선으로 연결하여 릴레이 형식으로 정보를 전송함으로써 통화 사각지대를 최소화한다. 모바일 무선 통신과 더불어 극초단파를 사용하는 지상파 디지털 TV 방송에서도 가능한 한 높은 위치에 전파 송신탑을 세워 전파 진행 경로상의 장애물을 최소화하려고 노력한다.

모바일 무선 통신에서 극초단파를 사용함으로써 통신 기기의 휴대 편의성도 획기적으로 개선되었다. 전파의 효율적 수신을 위한 안테나의 유효 길이는 수신하는 전파 파장의 $\frac{1}{2} \sim \frac{1}{4}$ 정도인데, 극초단파와 같은 높은 주파수를 사용하면서 손바닥 크기보다 작은 길이의 안테나만으로도 효율적인 전파의 송수신이 가능해졌기 때문이다.

* 1 THz = 1,000 GHz, 1 GHz = 1,000 MHz, 1 MHz = 1,000 kHz, 1 kHz = 1,000 Hz

01 위 글에 따를 때, 옳지 않은 것은?

① 전파의 파장이 길수록 주파수가 낮다.
② 극초단파는 가시광선보다 주파수가 낮다.
③ 직진성이 약한 전파일수록 단위 시간당 정보 전송량은 많아진다.
④ 800 MHz 대의 안테나 유효 길이는 2.3 GHz 대 것의 약 3배에 해당한다.
⑤ 1.8 GHz 대 전파는 800~900 MHz 대 전파보다 회절성과 투과성이 약하다.

02 위 글을 바탕으로 전파의 활용에 대해 진술한 것으로 옳은 것만을 〈보기〉에서 있는 대로 고른 것은?

━━━━● 보 기 ●━━━━

ㄱ. 3 GHz 이상 대역은 정보의 원거리 전송 능력이 커서 우주 통신에 이용된다.
ㄴ. 모바일 무선 통신에서 낮은 주파수를 사용할수록 더 많은 기지국이 필요하다.
ㄷ. 지상파 디지털 TV 방송은 지상파 아날로그 TV 방송보다 높은 주파수 대역을 사용한다.

① ㄴ   ② ㄷ   ③ ㄱ, ㄴ
④ ㄱ, ㄷ   ⑤ ㄱ, ㄴ, ㄷ

03 위 글을 바탕으로 〈보기〉를 읽고 판단한 것으로 적절하지 <u>않은</u> 것은?

━━━━● 보 기 ●━━━━

○ '황금 주파수' 대역의 변화
　초기 모바일 무선 통신 시대에는 800~900 MHz 대역의 주파수가 황금 주파수였으나, 모바일 무선 통신 기술의 발달과 더불어 오늘날의 4세대 스마트폰 시대에는 1.8 GHz 대와 2.1 GHz 대가 황금 주파수로 자리 잡게 되었다.

○ 주파수 관리 방식
－ 정부 주도 방식 : 주파수의 분배와 할당에 있어서 경제적 효율성만으로 평가할 수 없는 표현의 자유, 민주적 가치, 공익 보호 등을 고려하여 전적으로 시장에 일임하지 않고 정부가 직접 관리하는 방식.
－ 시장 기반 방식 : 주파수의 효율적 이용에 적합하도록 시장 기능을 통해, 예를 들어 경매와 같은 방식으로 주파수를 분배하고 할당하는 방식.

① 황금 주파수 대역의 변화는 모바일 무선 통신 기술의 발달뿐 아니라, 4세대 스마트폰 시대에 전송해야 하는 정보량의 급격한 증가와도 관계가 있을 것이다.
② 모바일 무선 통신 기술의 지속적인 발달과 함께 소형화된 통신 기기에 대한 소비자의 욕구가 커질수록 황금 주파수는 더 높은 대역으로 옮겨갈 것이다.
③ 0.3 MHz 이하 대역은 공익 보호의 목적보다는 경제적 효율성의 가치가 더 중요하므로 정부 주도 방식이 아닌 시장 기반 방식으로 관리될 것이다.
④ 1.8 GHz 대와 2.1 GHz 대의 주파수를 차지하기 위한 경쟁이 심화되어 이에 대한 주파수 관리의 중요성이 부각될 것이다.
⑤ 방송의 공공성을 고려한다면, 0.3~800 MHz 대역의 주파수 관리에는 정부 주도 방식이 적합할 것이다.

01

정답해설

③ 극초단파는 모바일 무선 통신에서 주로 사용되는데, 주파수가 높아 초당 많은 파동을 발생시켜 주파수가 낮은 전파보다 더 많은 자료를 전송할 수 있기 때문이다. 이를 통해 직진성이 강한 (=주파수가 높은) 전파일수록 단위 시간당 정보 전송량이 많아진다는 것을 파악할 수 있다.

오답해설

① 주파수와 파장은 반비례 관계에 있다.

② 모바일 무선 통신에서 쓰이는 극초단파는 주파수가 높은 대역의 전파이지만 가시광선이나 X선보다는 상대적으로 주파수가 낮은 전파이다.

④ 2.3GHz 대의 전파는 800MHz 대의 전파보다 주파수가 약 3배 높다. 그런데 주파수와 파장은 반 비례 관계에 있으므로 주파수가 2.3GHz의 약 1/3에 해당하는 800MHz 대의 전파 파장은 2.3GHz 대의 전파 파장보다 약 3배 길다. 즉, 2.3GHz 대 전파보다 파장이 약 3배인 800MHz 대의 전파는 안테나 유효 길이 또한 2.3GHz 대의 것의 약 3배에 해당한다.

⑤ 주파수가 낮은 전파는 회절성과 투과성이 더 크다고 했으므로, 1.8GHz 대의 전파보다 상대적으로 주파수가 낮은 800~900MHz 대 전파가 회절성과 투과성이 더 크다고 할 수 있다.

		정답/오답의 기준			
문항 번호	논리부정 (상반) A → not A	인과 역전 A → B ←	주체 왜곡 A&a / B&b → A&b B&a	논리곱 / 합 (and / or) (100% / 예외)	오답 / 부재
①					
②					
③	V		V		
④					
⑤					

02

정답해설

ㄷ. 지상파 아날로그 TV 방송은 0.3~800MHz 대역의 주파수를 사용하고, 지상파 디지털 TV는 극초단파를 사용한다. 극초단파는 0.3~800MHz 대역보다 주파수가 높으므로 지상파 디지털 TV 방송은 지상파 아날로그 TV 방송보다 더 높은 주파수 대역

을 사용한다는 선지는 적절하다.

오답해설

ㄱ. 이상의 대역은 주파수가 높은 대역으로, 주파수가 높은 전자기파일수록 대기 중의 장애물로 인해 정보의 원거리 전달에 취약하다. 또한, 지문에서 3GHz 이상 대역의 전파는 직진성이 강해서 중간에 장애물이 없는 특별한 경우(인공위성/우주 통신 등)에 사용된다고 설명하고 있다. 즉 3GHz 이상 대역은 정보 원거리 전송 능력은 낮지만 직진성이 강해 우주 통신에 이용된다.

ㄴ. 지문에서는 주파수가 높은 전파, 즉 극초단파를 사용하는 모바일 무선 통신에서는 원거리 정보 전송 능력이 낮은 것을 해결하기 위해 반경 2~5km 정도의 좁은 지역의 전파를 송수신하는 기지국들을 최대한 많이 설치한다고 설명하고 있다.

		정답/오답의 기준			
문항 번호	논리부정 (상반) A → not A	인과 역전 A → B ←	주체 왜곡 A&a / B&b → A&b B&a	논리곱 / 합 (and / or) (100% / 예외)	오답 / 부재
ㄱ				V	
ㄴ			V		
ㄷ					

03

정답해설

③ 0.MHz 이하의 대역은 해상 통신, 표지 통신, 선박이나 항공기의 유도 등과 같은 공공적 용도에 주로 사용된다고 하였으므로, 0.3MHz 이하 대역은 공익 보호가 우선시되어 정부 주도 방식으로 관리되어야 함을 알 수 있다.

오답해설

① 황금 주파수 대역은 오늘날 4세대 스마트폰 시대의 1.8GHz 대와 2.1GHz 대로 변화하였다. 즉, 오늘날 변화한 황금 주파수 대역에서는 이전의 황금 주파수 대역보다 더 많은 정보의 정보의 전송이 가능하다.

② 〈보기〉에 의하면, 황금 주파수 대역은 점차 높은 주파수 대역으로 옮겨 갔으므로 통신 기기도 점차 작아졌음을 알 수 있다. 따라서 모바일 무선 통신 기술의 지속적인 발달과 함께 소형화된 통신기기에 대한 소비자의 욕구가 커질수록 황금 주파수는 더 높은 대역으로 옮겨갈 것이라고 판단할 수 있다.

④ 〈보기〉에서 오늘날 4세대 스마트폰 시대에는 1.8GHz 대와 2.1GHz 대가 황금 주파수로 자리 잡게 되었다고 하였으므로 이 대역의 주파수 분배와 할당에 있어 경쟁이 생길 것이고, 이에 대한 관리의 중요성이 더욱 커질 것이다.

⑤ 주파수의 분배와 할당에 있어 표현의 자유, 민주적 가치, 공익 보호 등을 고려하여 정부가 주파수를 관리하는 정부 주도 방식을 사용한다고 했으므로, 방송의 공공성에 비추어 볼 때

0.3~800MHz 대역의 주파수 관리에는 정부 주도 방식이 보다 적절하다는 것을 알 수 있다.

문항 번호	논리부정 (상반) A → not A	인과 역전 A → B ←	주체 왜곡 A&a / B&b → A&b B&a	논리곱 / 합 (and / or) (100% / 예외)	오답 / 부재
①					
②					
③	V				
④					
⑤					

[1~3] 다음 글을 읽고 물음에 답하시오.

첨단 소재 분야의 연구에서는 마이크로미터 이하의 미세한 구조를 관찰할 수 있는 전자 현미경이 필요하다. 전자 현미경과 광학 현미경의 기본적인 원리는 같다. 다만 광학 현미경은 관찰의 매체로 가시광선을 사용하고 유리 렌즈로 빛을 집속하는 반면, 전자 현미경은 전자빔을 사용하고 전류가 흐르는 코일에서 발생하는 자기장을 이용하여 전자빔을 집속한다는 차이가 있다.

광학 현미경은 시료에 가시광선을 비추고 시료의 각 점에서 산란된 빛을 렌즈로 집속하여 상(像)을 만드는데, 다음과 같은 이유로 미세한 구조를 관찰하는 데 한계가 있다. 크기가 매우 작은 점광원에서 나온 빛은 렌즈를 통과하면서 회절 현상에 의해 광원보다 더 큰 크기를 가지는 원형의 간섭무늬를 형성하는데 이를 '에어리 원반'이라고 부른다. 만약 시료 위의 일정한 거리에 있는 두 점에서 출발한 빛이 렌즈를 통과할 경우 스크린 위에 두 개의 에어리 원반이 만들어지게 되며, 이 두 점의 거리가 너무 가까워져 두 에어리 원반 중심 사이의 거리가 원반의 크기에 비해 너무 작아지면 관찰자는 더 이상 두 점을 구분하지 못하고 하나의 점으로 인식하게 된다. 이 한계점에서 시료 위의 두 점 사이의 거리를 '해상도'라 부른다. 일반적으로 현미경에서 얻을 수 있는 최소의 해상도는 사용하는 파동의 파장, 렌즈의 초점 거리에 비례하며 렌즈의 직경에 반비례한다. 따라서 사용하는 파장이 짧을수록 최소 해상도가 작아지며, 더 또렷한 상을 얻을 수 있다. 광학 현미경의 경우 파장이 가장 짧은 가시광선을 사용하더라도 그 해상도는 파장의 약 절반인 200 nm보다 작아질 수가 없다. 반면 전자 현미경에 사용되는 전자빔의 전자도 양자역학에서 말하는 '입자-파동 이중성'에 따라 파동처럼 행동하는데 이 파동을 '드브로이 물질파'라고 한다. 물질파의 파장은 입자의 질량과 속도의 곱인 운동량에 반비례하는데 전자 현미경에서 가속 전압이 클수록 전자의 속도가 크고 수십 kV의 전압으로 가속된 전자의 물질파 파장은 대략 0.01 nm 정도이다. 하지만 전자 현미경의 렌즈의 성능이 좋지 않아 해상도는 보통 수 nm이다.

전자 현미경의 렌즈는 전류가 흐르는 코일에서 발생하는 자기장을 사용하여 전자의 이동 경로를 휘게 하여 전자를 모아 준다. 전하를 띤 입자가 자기장 영역을 통과할 때 속도와 자기장의 세기에 비례하는 힘을 받는데 그 방향은 자기장에 대해 수직이다. 전자 렌즈는 코일을 적절히 배치하여 특별한 형태의 자기장을 발생시켜 렌즈를 통과하는 전자가 렌즈의 중심 방향으로 힘을 받도록 만든다. 코일에 흐르는 전류를 증가시키면 코일에서 발생하는 자기장의 세기가 커지고 전자가 받는 힘이 커져 전자빔이 더 많이 휘어지면서 초점 거리가 줄어드는 효과를 얻을 수 있다. 대물렌즈의 초점 거리가 작아지면 현미경의 배율은 커진다. 따라서 광학 현미경에서는 배율을 바꿀 때 대물렌즈를 교체하지만 전자 현미경에서는 코일에 흐르는 전류를 조절하여 일정 범위 안에서 배율을 마음대로 조정할 수 있다. 하지만 렌즈의 중심과 가장자리를 통과하는 전자가 받는 힘을 적절히 조절하여 한 점에 모이도록 하는 것이 어려우므로 광학 현미경에 비해 초점의 위치가 명확하지 않다.

전자 현미경은 고전압으로 가속된 전자빔을 사용하므로 현미경의 내부는 기압이 대기압의 $1/10^{10}$ 이하인 진공 상태여야 한다. 전자는 공기와 충돌하면 에너지가 소실되거나 굴절되는 등 원하는 대로 제어하기 어렵기 때문이다. 또한 절연체 시료를 관찰할 때 전자빔의 전자가 시료에 축적되어 전자빔을 밀어내는 역할을 하게 되므로 이미지가 왜곡될 수 있다. 이 때문에 보통 절연체 시료의 표면을 금 또는 백금 등의 도체로 얇게 코팅하여 사용한다.

광학 현미경에서는 실제의 상을 눈으로 볼 수 있지만, 전자 현미경에서는 시료에서 산란된 전자의 물질파를 검출기에 집속하여 상이 맺힌 지점에서 전자의 분포를 측정함으로써 시료 표면의 형태를 디지털 영상으로 나타낸다. 이러한 전자 현미경의 특성을 활용하면 다양한 검출기 및 주변 기기를 장착하여 전자 현미경의 응용 분야를 확장할 수 있다.

01 윗글의 내용과 일치하는 것은?

① 광학 현미경의 해상도는 시료에 비추는 빛의 파장에 의존하지 않는다.

② 전자 현미경에서 진공 장치 내부의 기압이 높을수록 선명한 상을 얻을 수 있다.

③ 전자 현미경에서 렌즈의 중심과 가장자리를 통과한 전자는 같은 점에 도달한다.

④ 전자 현미경에서 시료의 표면에 축적되는 전자가 많을수록 상의 왜곡이 줄어든다.

⑤ 광학 현미경과 전자 현미경은 모두 시료에서 산란된 파동을 관찰하여 상을 얻는다.

02 윗글에서 이끌어 낼 수 있는 전자 현미경의 특성 만을 〈보기〉에서 있는 대로 고른 것은?

━━━━●보 기●━━━━

ㄱ. 전자의 물질파 파장이 길수록 전자가 전자 렌즈를 지날 때 더 큰 힘을 받는다.

ㄴ. 전자의 가속 전압을 증가시키면 상에서 에어리 원반의 크기를 더 작게 할 수 있다.

ㄷ. 전자 렌즈의 코일에 흐르는 전류를 감소시키면 상의 해상도를 더 작게 할 수 있다.

① ㄱ   ② ㄴ   ③ ㄷ

④ ㄱ, ㄴ   ⑤ ㄱ, ㄴ, ㄷ

03 윗글을 바탕으로 〈보기〉를 이해할 때 빈칸에 들어갈 말로 가장 적절한 것은?

━━━━●보 기●━━━━

(가)와 (나)는 크기가 일정한 미세 물체가 일정한 간격으로 배치된 구조를 전자 현미경으로 각각 찍은 사진이며 (나)는 (가)에서 사각형 부분에 해당한다.

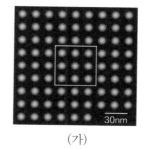 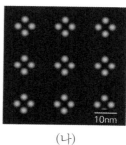

(가)   (나)

① (가)의 해상도는 30nm보다 크다.

② (가)에서 전자 현미경 내부의 기압은 대기압보다 크다.

③ (나)에서 사용된 전자의 물질파 파장은 20nm보다 크다.

④ (나)에서 렌즈의 코일에 흐르는 전류는 (가)의 경우보다 크다.

⑤ (나)에서 사용된 전자의 속력은 (가)에서 사용된 전자의 속력보다 3배 작다.

[1문단]

1) 첨단 소재 분야의 연구에서는 마이크로미터 이하의 미세한 구조를 관찰할 수 있는 전자 현미경이 필요하다. 2) 전자 현미경과 광학 현미경의 기본적인 원리는 같다. 3) 다만 광학 현미경은 관찰의 매체로 가시광선을 사용하고 유리 렌즈로 빛을 집속하는 반면, 전자 현미경은 전자빔을 사용하고 전류가 흐르는 코일에서 발생하는 자기장을 이용하여 전자빔을 집속한다는 차이가 있다.

☆ 행동 영역

- 첫 문장은 항상 심플하게!
  핵심 주어와 서술어 위주로 기억하기
- 2번째 문장 – 1번째 문장보다 중요! 1번째 문장과의 연결을 생각하며 어떤 정보를 재진술하며 구체화하는지에 주목해 독해하자!
- 병렬, 분류, 이항대립 – 개념들의 공통점 & 차이점 대응하며 읽기

★ 사고 영역

[1문단 핵심 point]

1) 화제 제시: 전자 현미경
첨단 소재 분야의 연구에 쓰이는 전자 현미경을 화제로 제시하고 있다.

2~3) 광학 현미경 v.s. 전자 현미경
전통적인 광학현미경과 첨단 기술인 전자 현미경을 비교하고 있다.

[2문단]

4) 광학 현미경은 시료에 가시광선을 비추고 시료의 각 점에서 산란된 빛을 렌즈로 집속하여 상(像)을 만드는데, 다음과 같은 이유로 미세한 구조를 관찰하는 데 한계가 있다. 5) 크기가 매우 작은 점광원에서 나온 빛은 렌즈를 통과하면서 회절 현상에 의해 광원보다 더 큰 크기를 가지는 원형의 간섭무늬를 형성하는데 이를 '에어리 원반'이라고 부른다. 6) 만약 시료 위의 일정한 거리에 있는 두 점에서 출발한 빛이 렌즈를 통과할 경우 스크린 위에 두 개의 에어리 원반이 만들어지게 되며, 이 두 점의 거리가 너무 가까워져 두 에어리 원반 중심 사이의 거리가 원반의 크기에 비해 너무 작아지면 관찰자는 더 이상 두 점을 구분하지 못하고 하나의 점으로 인식하게 된다. 7) 이 한계점에서 시료 위의 두 점 사이의 거리를 '해상도'라 부른다. 8) 일반적으로 현미경에서 얻을 수 있는 최소의 해상도는 사용하는 파동의 파장, 렌즈의 초점 거리에 비례하며 렌즈의 직경에 반비례한다. 9) 따라서 사용하는 파장이 짧을수록 최소 해상도가 작아지며, 더 또렷한 상을 얻을 수 있다. 10) 광학 현미경의 경우 파장이 가장 짧은 가시광선을 사용하더라도 그 해상도는 파장의 약 절반인 200 nm보다 작아질 수가 없다. 11) 반면 전자 현미경에 사용되는 전자빔의 전자도 양자역학에서 말하는 '입자-파동 이중성'에 따라 파동처럼 행동하는데 이 파동을 '드브로이 물질파'라고 한다. 12) 물질파의 파장은 입자의 질량과 속도의 곱인 운동량에 반비례하는데 전자 현미경에서 가속 전압이 클수록 전자의 속도가 크고 수십 kV의 전압으로 가속된 전자의 물질파 파장은 대략 0.01 nm 정도이다. 13) 하지만 전자 현미경의 렌즈의 성능이 좋지 않아 해상도는 보통 수 nm이다.

☆ 행동 영역

- 물리적 구조(HW) – 지문이나 문제에 그림·표·그래프 등이 없다면, 꼭 그려서 내용을 대응해가며 읽어볼 것
- Base 구간 – 따로 내용을 끊어서 상세하게 독해한 후, 서두와 연결해서 독해하기
- 비례 & 반비례 – 화살표로 직관적으로 인식할 수 있도록 꼭 표시!
- 구체적수치 – 정리문장 찾기! (개념 정리하며 독해하기)

[2문단 핵심 point]

4) 광학 현미경의 한계

광학 현미경이 미세한 구조를 관찰할 수 없는 이유가 소개될 것이다.

5~7) Base: 해상도의 개념

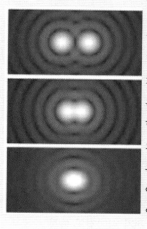

에어리 원반과 그에 따른 해상도의 개념에 대해 설명하고 있다. 두 점이 가까워지면 한 점처럼 보이는 지점이 생기는데, 그 한계점에서의 두 점 사이의 거리를 '해상도'라고 부른다는 것이다. 사진과 같이 그림을 그려 이해하는 연습이 필요하다.

8~9) 파장과 해상도 사이 관계

$$\frac{파장, 초점 거리}{렌즈의 직경} \propto 해상도\ 이다.$$

10) 광학 현미경의 한계

가시광선이라는 한계 때문에 파장의 길이가 일정 이하로 짧아질 수가 없어 해상도의 한계 또한 발생한다.

11~12) 드브로이 물질파와 전자 현미경

전자 현미경의 전자빔을 광학 현미경의 가시광선에 대응해서 생각하면 된다. 드브로이 물질파에 대한 설명이 나온 것은 전자가 파동처럼 기능한다는 것을 설명하기 위해서이다. 물질파의 파장은 운동량(mv)에 반비례하므로 가속을 고려하면 전자 현미경에서 전자빔의 파장은 0.01nm까지 짧아진다.

13) 전자 현미경의 한계

하지만 렌즈의 한계로 수nm까지만 파장을 짧게 만들 수 있다.

[3문단]

14) 전자 현미경의 렌즈는 전류가 흐르는 코일에서 발생하는 자기장을 사용하여 전자의 이동 경로를 휘게 하여 전자를 모아 준다. 15) 전하를 띤 입자가 자기장 영역을 통과할 때 속도와 자기장의 세기에 비례하는 힘을 받는데 그 방향은 자기장에 대해 수직이다. 16) 전자 렌즈는 코일을 적절히 배치하여 특별한 형태의 자기장을 발생시켜 렌즈를 통과하는 전자가 렌즈의 중심 방향으로 힘을 받도록 만든다. 17) 코일에 흐르는 전류를 증가시키면 코일에서 발생하는 자기장의 세기가 커지고 전자가 받는 힘이 커져 전자빔이 더 많이 휘어지면서 초점 거리가 줄어드는 효과를 얻을 수 있다. 18) 대물렌즈의 초점 거리가 작아지면 현미경의 배율은 커진다. 19) 따라서 광학 현미경에서는 배율을 바꿀 때 대물렌즈를 교체하지만 전자 현미경에서는 코일에 흐르는 전류를 조절하여 일정 범위 안에서 배율을 마음대로 조정할 수 있다. 20) 하지만 렌즈의 중심과 가장자리를 통과하는 전자가 받는 힘을 적절히 조절하여 한 점에 모이도록 하는 것이 어려우므로 광학 현미경에 비해 초점의 위치가 명확하지 않다.

- 물리적 구조(HW)와 논리적 구조(SW) - 융합해서 독해하는 훈련하기! [과학, 기술]
- 비례 & 반비례 - 화살표로 직관적으로 인식할 수 있도록 꼭 표시!
- IF조건문(~하면) [넘버링표시] - 조건문과 결과 (E) 문장 모두에 주목!

[3문단 핵심 point]

14~16) 전자 렌즈

전자 렌즈가 자기장을 이용하여 전자를 모아주는 원리에 대해서 설명하고 있다.

17) 코일에 흐르는 전류와 초점거리 간의 관계

전류를 증가시키면 자기장이 증가하고 힘이 커져 전자빔이 더 많이 휘어지면서 초점 거리가 감소한다.

18~19) 초점 거리

광학 현미경은 대물 렌즈를 변경해야지 초점 거리를 줄일 수 있지만 전자 현미경은 전류를 증가시키기만 하면 초점 거리가 감소되는 특징이 있다.

20) 렌즈의 한계

13) 문장에서와 같이 정확성이 떨어지는 렌즈의 한계에 대해서 서술하고 있다.

[4문단]

21) 전자 현미경은 고전압으로 가속된 전자빔을 사용하므로 현미경의 내부는 기압이 대기압의 $1/10^{10}$ 이하인 진공 상태여야 한다. 22) 전자는 공기와 충돌하면 에너지가 소실되거나 굴절되는 등 원하는 대로 제어하기 어렵기 때문이다. 23) 또한 절연체 시료를 관찰할 때 전자빔의 전자가 시료에 축적되어 전자빔을 밀어내는 역할을 하게 되므로 이미지가 왜곡될 수 있다. 24) 이 때문에 보통 절연체 시료의 표면을 금 또는 백금 등의 도체로 얇게 코팅하여 사용한다.

☆ 행동 영역

○ 문제상황(P) & 해결방안(S) - 해결방안 도출과정에 주목하며 지문의 핵심 논지 파악!

★ 사고 영역

[4문단 핵심 point]

21~22) 문제상황(P) 제시

전자 빔을 사용하기 때문에 공기와 충돌하면 1) 에너지가 소실되거나 굴절, 그리고 절연체 시료를 관찰하면 2) 이미지 왜곡의 문제가 발생할 수 있다.

24) 해결방안(S) 제시

따라서 전자 현미경 내부를 1) 진공 상태로 유지하고, 절연체 시료의 경우 2)도체로 코팅해주는 작업이 필요하다.

[5문단]

25) 광학 현미경에서는 실제의 상을 눈으로 볼 수 있지만, 전자 현미경에서는 시료에서 산란된 전자의 물질파를 검출기에 집속하여 상이 맺힌 지점에서 전자의 분포를 측정함으로써 시료 표면의 형태를 디지털 영상으로 나타낸다. 26) 이러한 전자 현미경의 특성을 활용하면 다양한 검출기 및 주변 기기를 장착하여 전자 현미경의 응용 분야를 확장할 수 있다.

☆ 행동 영역

○ 병렬, 분류, 이항대립 - 개념들의 공통점 & 차이점 대응하며 읽기

★ 사고 영역

[5문단 핵심 point]

25~26) 관찰이 어려운 전자 현미경의 특징

전자 현미경은 전자가 눈으로 관찰되지 않기 때문에 검출기에 접속하여 디지털 영상으로 나타내는 과정이 광학 현미경과는 달리 별도로 필요하다.

01

정답해설

⑤ 광학 현미경은 빛, 전자 현미경은 전자(물질파)를 통해 상을 맺게 하여 관찰한다.

오답해설

① [2문단] 가시광선의 파장과 상관이 있다고 서술되었다. 해상도와 사용하는 파장은 비례한다고 서술한다.

② [4문단] 기압을 최대한 줄여서 진공 상태로 만들어 주는 것이 좋다고 서술되었다.

③ [3문단] 전자현미경은 초점이 명확하지 않아 전자가 같은 점에 도달하기 힘들다고 서술되어 있다.

④ [4문단] 전자가 축적될수록 오차가 생긴다고 서술되어 있으므로 틀린 선지이다.

문항 번호	논리부정 (상반) A → not A	인과 역전 A → B ←	주체 왜곡 A&a / B&b → A&b B&a	논리곱 / 합 (and / or) (100% / 예외)	오답 / 부재
①	V				
②	V				
③					V
④	V				
⑤					

정답/오답의 기준

02

정답해설

ㄴ. [2, 3문단] 에어리 원반 크기가 작을수록 해상도도 작아진다. 또한 가속 전압을 늘리면 전자의 속력이 빨라지고 파장은 짧아진다. 따라서 해상도도 작아진다. 따라서 맞는 선지이다.

오답해설

ㄱ. 물질파 파장이 크다면 운동량이 작아진다. 운동량이 작아지면 속력도 작아지며, 속력이 작아지면 전자가 자기장에서 받는 힘이 적어진다. 따라서 반대로 서술되었다.

ㄷ. 전류를 감소시키면 자기장도 감소하여 초점 거리가 증가하고 따라서 해상도도 증가한다.

03

정답해설

④ [3문단] 배율이 (나)에서 더 높으므로 (나)에서 전류의 세기를 더 강하게 하여 자기장의 세기가 커지고 전자빔이 더 많이 휘어져 배율이 커진 상황이다.

오답해설

① [2문단] 해상도가 30nm보다 크면 30nm보다 가까운 점들끼리는 1개로 보여야 하는데 여러 개로 나눠져서 보이므로 해상도가 30nm보다 작다는 점을 알 수 있다.

② [4문단] 기압이 대기압에 비해 매우 작아 진공에 가깝다고 서술되어 있다.

③ [2문단] 만약 파장이 20nm보다 크다면 해상도는 20nm보다 훨씬 더 커야 하는데 그렇지 않으므로 파장은 20nm보다 크다고 볼 수 없다.

⑤ [2, 3문단] 배율이 (나)에서 더 높으므로 (나)에서 전류의 세기가 더 강했지만 반면 초점거리는 더 짧다. 따라서 해상도는 더 안 좋아져야 하는데 해상도도 좋아졌다는 의미는 전자의 속도가 (나)에서 더 빨라서 파장이 짧았다는 의미이다.

문항 번호	논리부정 (상반) A → not A	인과 역전 A → B ←	주체 왜곡 A&a / B&b → A&b B&a	논리곱 / 합 (and / or) (100% / 예외)	오답 / 부재
①					V
②	V				
③					V
④					
⑤	V				

정답/오답의 기준

3 주차

문학

기출로 분석하기 - 2021. 6월 ①, ②

[1~3] 다음 글을 읽고 물음에 답하시오.

(가)

높으디높은 산마루
낡은 고목(古木)에 **못 박힌 듯** 기대어
내 홀로 긴 **밤**을   **[A]**
무엇을 간구하며 울어 왔는가.

아아 **이 아침**
시들은 핏줄의 구비구비로
사늘한 가슴의 한복판까지
은은히 울려오는 종소리.

이제 눈감아도 오히려
꽃다운 하늘이거니
내 영혼의 촛불로
어둠 속에 **나래 떨던 샛별아** 숨으라.

환히 트이는 이마 우
떠오르는 햇살은
시월상달의 꿈과 같고나.

메마른 입술에 피가 돌아
오래 잊었던 피리의
가락을 더듬노니

새들 즐거이 구름 끝에 노래 부르고
사슴과 토끼는
한 포기 **향기로운 싸릿순**을 사양하라.

여기 높으디높은 산마루
맑은 바람 속에 옷자락을 날리며
내 홀로 서서   **[B]**
무엇을 기다리며 노래하는가.
                         – 조지훈, 「산상(山上)의 노래」 –

(나)

꽃이 피었다,
도시가 나무에게
반어법을 가르친 것이다
이 도시의 이주민이 된 뒤부터
속마음을 곧이곧대로 드러낸다는 것이

얼마나 어리석은가를 나도 곧 깨닫게 되었지만
살아 있자, 악착같이 **들뜬 뿌리**라도 내리자
속마음을 감추는 대신
비트는 법을 익히게 된 서른 몇 이후부터
나무는 나의 스승
그가 견딜 수 없는 건
꽃향기 따라 나비와 벌이
붕붕거린다는 것,
내성이 생긴 이파리를
벌레들이 변함없이 아삭아삭
뜯어 먹는다는 것
도로변 **시끄러운 가로등** 곁에서 허구한 날
신경증과 불면증에 시달리며 피어나는 꽃
참을 수 없다 나무는, 알고 보면
치욕으로 푸르다
                         – 손택수, 「나무의 수사학 1」 –

01 (가)와 (나)에 대한 설명으로 가장 적절한 것은?

① (가)는 계절의 변화에 따라 달라지는 주변 풍경을, (나) 는 공간의 이동에 따른 풍경 변화를 묘사하고 있다.

② (가)는 시각적 이미지를 통해 자연의 위대함을, (나)는 청각적 이미지를 통해 자연에 대한 두려움을 표현하고 있다.

③ (가)는 명령형 어조를 활용하여 대상의 행동을 유도하 고, (나)는 단정적 진술을 활용하여 주제 의식을 드러내 고 있다.

④ (가)와 (나)는 인격화된 사물을 청자로 하여 화자의 소 망을 전달하고 있다.

⑤ (가)와 (나)는 도치된 표현을 활용하여 화자가 처한 부 정적 현실에 대한 극복 의지를 강조하고 있다.

02 [A]와 [B]를 이해한 내용으로 적절하지 <u>않은</u> 것은?

① [A]의 '높으디높은 산마루'에서 화자를 울게 한 문제는 [B]의 '여기 높으디높은 산마루'에서의 기다림의 대상이 아니다.

② [A]의 '못 박힌 듯' 기댄 자세는 과거의 고통을, [B]의 '옷자락을 날리며' 서 있는 자세는 미래에 대한 기대를 드러내고 있다.

③ [A]의 '긴 밤'에 담긴 부정적 상황은 '이 아침' 이후 [B]의 '맑은 바람'을 동반하는 새로운 상황으로 변화하고 있다.

④ [A]의 '무엇'이 [B]의 '무엇'으로 이행하는 과정에서 '나래 떨던 샛별'과 '향기로운 싸릿순'은 화자의 지향점으로 기능하고 있다.

⑤ [A]의 '간구'는 '사늘한 가슴'의 생명력 회복을 바라는 기원을, [B]의 '노래'는 '메마른 입술'에 생명력이 회복된 이후의 소망을 표출하고 있다.

03 〈보기〉를 바탕으로 (나)를 감상한 내용으로 적절하지 <u>않은</u> 것은? [3점]

> **● 보 기 ●**
>
> 「나무의 수사학 1」의 화자는 도심 속 가로수를 관찰하며 도시를 비판적으로 조망한다. 도시의 가로수는 나무의 푸름이나 아름다운 꽃조차도 도구적 가치에 의해서 평가된다. 화자는 삭막한 도시 환경에도 불구하고 고통을 참아 내며 꽃을 피우는 모습을 나무의 반어법으로 인식한다. 도시에 제대로 뿌리박지 못하면서도 도시 환경에 적응하여 꽃을 피우는 나무에서 치욕을 읽어 낸 것이다. 그것은 도시의 이주민인 화자가 나무에 대해 동질감을 느끼는 이유이기도 하다.

① '들뜬 뿌리'는 나무가 처한 상황에 대한 화자의 동질감을 반영하고 있군.

② '내성이 생긴 이파리'는 나무가 도시에 적응하면서 지니게 된 성질을 보여 주는군.

③ '시끄러운 가로등 곁'은 꽃을 피우며 참아 내야 할 삭막한 도시 환경을 드러내고 있군.

④ '신경증과 불면증'은 나무가 도시에 적응하기 위해 견뎌 내야 할 고통을 보여 주고 있군.

⑤ '치욕으로 푸르다'는 도구적 가치로 평가받아 그 환경에 적응하지 못하는 나무에 대한 비판적 표현이군.

✿ 행동영역 & 사고영역 | 미시분석

[산상의 노래 – 조지훈]

1) 높으디높은 산마루
   낡은 고목(古木)에 못 박힌 듯 기대어
   내 홀로 긴 밤을
   무엇을 간구하며 울어 왔는가.

2) 아아 이 아침
   시들은 핏줄의 구비구비로
   사늘한 가슴의 한복판까지
   은은히 울려오는 종소리.

   이제 눈감아도 오히려
   꽃다운 하늘이거니
   내 영혼의 촛불로
   어둠 속에 나래 떨던 샛별아 숨으라.

   환히 트이는 이마 우
   떠오르는 햇살은
   시월상달의 꿈과 같고나.

3) 메마른 입술에 피가 돌아
   오래 잊었던 피리의
   가락을 더듬노니

   새들 즐거이 구름 끝에 노래 부르고
   사슴과 토끼는
   한 포기 향기로운 싸릿순을 사양하라.

4) 여기 높으디높은 산마루
   맑은 바람 속에 옷자락을 날리며
   내 홀로 서서
   무엇을 기다리며 노래하는가.

☆ 행동 영역

◦ 서술자가 표면에 드러나 있는지 체크
◦ 시적 상황 파악 (객관적 상황) [시간/공간적 배경 확인] = (+) 긍정적 상황인지 or (−)부정적 상황인지 확인

◦ 주관적 인식 파악 (정서/태도/반응) = (+) 긍정적 태도인지 or (−) 부정적 태도인지 확인
◦ 제일 중요!! = 결국, 화자의 정서가 변화(− → + or + → −) 하는지 심화(− → −− or + → ++) 하는지 파악하기

★ 사고 영역

[핵심 point – 산상의 노래]
[1] 시적 상황
화자에게 힘든 시간인 '긴 밤'이 지나고 아침이 온 이후, 화자는 즐거운 마음을 표현하며 시상을 전개하고 있다.

[2] 정서/태도 : 내적 갈등 극복 (− → +)
화자는 1연에서 '긴 밤'을 '울어 왔다'고 고백하며, 최초에 화자가 내적 갈등을 치열하게 한 암울한 순간에 대해서 이야기하고, 이후 '이 아침'이 도래한 순간부터 시상이 전환되며 화자의 생명력이 회복되는 모습을 서술하며, 이후 다가올 미래에 대한 기대감을 드러내고 있다.

[나무의 수사학 1 – 손택수]

1) 꽃이 피었다,
   도시가 나무에게
   반어법을 가르친 것이다
2) 이 도시의 이주민이 된 뒤부터
   속마음을 곧이곧대로 드러낸다는 것이
   얼마나 어리석은가를 나도 곧 깨닫게 되었지만
   살아 있자, 악착같이 들뜬 뿌리라도 내리자
   속마음을 감추는 대신
   비트는 법을 익히게 된 서른 몇 이후부터
   나무는 나의 스승
3) 그가 견딜 수 없는 건
   꽃향기 따라 나비와 벌이
   붕붕거린다는 것,
   내성이 생긴 이파리를
   벌레들이 변함없이 아삭아삭
   뜯어 먹는다는 것

4) 도로변 시끄러운 가로등 곁에서 허구한 날
   신경증과 불면증에 시달리며 피어나는 꽃
   참을 수 없다 나무는, 알고 보면
   치욕으로 푸르다

☆ 행동 영역

- 서술자가 표면에 드러나 있는지 체크
- 시적 상황 파악 (객관적 상황) [시간/공간적 배경
  확인] = (+) 긍정적 상황인지 or (−)부정적 상황
  인지 확인
- 주관적 인식 파악 (정서/태도/반응) = (+) 긍정
  적 태도인지 or (−) 부정적 태도인지 확인
- 제일 중요!! = 결국, 화자의 정서가 변화(− → +
  or + → −) 하는지 심화(− → −− or + → ++)
  하는지 파악하기

★ 사고 영역

[핵심 point − 나무의 수사학 1]
[1] 시적 상황
화자는 도시 공간에서 나무를 관찰하며, 나무가 도
시에 적응하는 모습을 자신과 비슷하다고 생각하고
있다.

[2] 정서/태도 : 현실 비판 (− → −−)
화자는 나무에서 '꽃이 핀' 상황을 부정적으로 바라
보며, 나무가 도시에 적응하며 '들뜬 뿌리'를 내리
고, 이파리에 '내성'이 생기며, '신경증과 불면증에
시달리'는 것에 대해 묘사하고 있다. 이는 화자가 나
무와 자신을 동일시한 결과이며, 화자 자신에 대한
성찰과 도시에 대한 비판을 드러내고 있다.

| 1 | ③ | 2 | ④ | 3 | ⑤ |

01

정답해설

③ (가)에서 '어둠 속에 나래 떨던 샛별아 숨으라.'와 '사슴과 토끼는 한 포기 향기로운 싸릿순을 사양하라.'의 구절에서 명령형 어조를 활용하여 각각 '샛별', '사슴과 토끼'에게 행동을 유도하고 있고, (나)에서는 '나무는, 알고 보면/치욕으로 푸르다'에서 단정적인 진술을 활용하여 주제 의식을 드러내고 있다.

오답해설

① (가)에서 계절의 변화는 드러나지 않고, (나)에서는 공간의 이동에 따른 풍경 변화가 드러나지 않는다.

② (가)에서 자연의 위대함을 드러내고 있는 시각적 이미지는 확인할 수 없으며 (나)에서 화자가 자연에 대한 두려움을 가지고 있다고 할 수 없다.

④ (가)에서는 '사슴과 토끼'를 호명하며 화자가 바라는 바를 전달하고 있지만 (나)에서는 화자의 소망을 전달하는 표현은 드러나지 않는다.

⑤ (나)에서 '참을 수 없다 나무는,'에서 도치된 표현을 활용하고 있지만 부정적 현실에 대한 극복 의지가 드러나는 것은 아니며, (가)에서는 도치된 표현이나 극복 의지가 드러나지 않는다.

정답/오답의 기준

문항 번호	정서/태도 오류 (반대 서술, 문맥흐름X)	상황(배경) 오류 (시간적, 공간적배경 오류)	주체 왜곡 (주체/대상 오류)	갈등 오류 (내용X, 문맥흐름X)	논리 오류 (보기 오류)	개념어 오류 (O, X)
①		V				
②						V
③						
④	V					
⑤	V					V

02

정답해설

④ '나래 떨던 샛별'에게 숨으라고 명령하며, '사슴과 토끼'에게 '향기로운 싸릿순'을 사양하라고 명령하는 것을 보아, 화자의 지향점으로 기능하고 있지 않다는 것을 알 수 있다.

오답해설

① [A]에서 화자를 울게 한 문제는 부정적인 상황('긴 밤')에서 화자가 지향하던 바이고, [B]에서 기다림의 대상은, 긍정적인 상황으로 바뀐 이후 화자가 기대하는 바이다. 따라서, 두 대상을 다르다.

② [A]에서 '긴 밤'을 '울며' 기대어 있는 자세는 고통을 드러내고,

[B]에서 '맑은 바람 속에' '노래'하고, '옷자락을 날리며' 서 있는 자세는 미래에 대한 기대를 드러낸다고 할 수 있다.

③ '긴 밤'은 부정적인 상황이며, '이 아침'으로 시상이 전환되면서 [B]의 긍정적인 상황으로 변화하고 있다.

⑤ '사늘한 가슴'은 종소리로 인해 생명력이 회복되고 있는데, 이에 대한 기원이 '간구'에 나타나 있다. 또한, '노래'는 생명력 회복 이후 긍정적인 상황에서의 소망을 표출하는 것에 해당한다.

정답/오답의 기준

문항 번호	정서/태도 오류 (반대 서술, 문맥흐름X)	상황(배경) 오류 (시간적, 공간적배경 오류)	주체 왜곡 (주체/대상 오류)	갈등 오류 (내용X, 문맥흐름X)	논리 오류 (보기 오류)	개념어 오류 (O, X)
①						
②						
③						
④			V			
⑤						

03

정답해설

⑤ <보기>에서 나무가 '도시 환경에 적응하여 꽃을 피운다'라고 하였으므로, 선지의 서술은 이와 일치하지 않는다.

오답해설

① '얼마나 어리석은가를 나도 곧 깨닫게 되었지만'에서 볼 수 있듯이, '들뜬 뿌리'는 화자가 도시에 적응하기 위한 노력을 상징하며, 동시에 나무와의 동질감을 반영하고 있다고 할 수 있다.

② '내성이 생긴 이파리'는 나무가 도시의 벌레들에 적응하면서 지니게 된 성질이다.

③ '시끄러운 가로등 곁'에서 '신경증과 불면증'에 시달리고 있다고 했으므로, 이는 나무가 참아 내야 할 삭막한 도시 환경을 드러낸다고 할 수 있다.

④ '신경증과 불면증'은 도시에 적응하여 '꽃'을 피우기 위해 나무가 견뎌 내야 할 고통을 상징한다.

정답/오답의 기준

문항 번호	정서/태도 오류 (반대 서술, 문맥흐름X)	상황(배경) 오류 (시간적, 공간적배경 오류)	주체 왜곡 (주체/대상 오류)	갈등 오류 (내용X, 문맥흐름X)	논리 오류 (보기 오류)	개념어 오류 (O, X)
①						
②						
③						
④						
⑤					V	

[1~4] 다음 글을 읽고 물음에 답하시오.

[앞부분 줄거리] 황만근은 마을 사람들에게 바보 취급을 받지만, 외지 출신인 민 씨는 달리 생각한다. 어느 날, 밤늦게 집에 가던 황만근은 토끼 고개에서 거대한 토끼를 만난다.

"그기 뭔 소리라? 내가 내 집에 내 발로 가는데 니가 뭐라꼬 집에 못 간다 카나. 귀신이마 썩 물러가고 토끼마 착 엎디리라. 내가 너를 타고서라도 집에 갈란다."

거대한 토끼는 황만근이 한 번도 맡아 본 적이 없는 비린 냄새를 풍기면서 느릿하고 탁한 음성으로 다시 말했다.

"너는 ⓐ여기서 죽는다. 너는 여기서 죽는다. 너는 여기서 죽는다. 너는 집에 못 간다."

황만근은 온몸에 소름이 돋고 털이란 털은 모두 위로 곤두섰다. 그래도 있는 힘을 다해 토끼를 밀치며 "비키라!" 하고 소리를 질렀다. 그런데 토끼를 밀친 황만근의 팔이 토끼의 털에 묻히는가 싶더니 진공청소기에 빨려 드는 파리처럼 쑤욱 안으로 빨려 들어가는 것이었다 ㉠(황만근이 한 말이 아니라 그 말을 들은 민 씨의 표현이다). 황만근은 한 팔로 옆에 있는 나무를 붙잡으면서 빨려 들어간 팔을 도로 빼려고 안간힘을 썼다. 황만근을 빨아들이려는 공간은 아무것도 잡히지 않을 정도로 넓었고 허전했고 또한 소름끼치도록 차가웠다. 토끼는 토끼대로 쉽게 끌려 들어오지 않는 황만근을 마저 끌어들이기 위해 온몸을 떨면서 뒷발을 든 채 버티고 있었다.

그런 상태로 시간이 하염없이 흘렀다. 어느새 동쪽 하늘이 부옇게 밝아 오기 시작했다. 그러자 토끼는 황만근을 향해 "너는 이제 살았다. 너는 이제 살았다. 너는 이제 살았으니 나를 놓아라" 하고 말했다. 황만근은 오기가 나서 "택도 없는 소리 말거라. 니를 탕으로 끓이서 어무이하고 나하고 마주 앉아서 먹어 치울끼다. 니 가죽을 빗기서 어무이 목도리를 하고 내 토시를 하고 장갑을 할 끼다. 니는 인자 죽었다, 자슥아" 하고 소리쳤다. 토끼는 다급하게 물었다. "그럼 어떻게 하면 네 팔을 빼겠느냐." 황만근은 팔을 안 빼는 게 아니라 못 빼고 있는데 토끼가 그렇게 물어오자 할 말이 없었다. 그래서 되는 대로 "내 소원을 세 가지 들어주기 전에는 니까잇 거는 못 간다" 하고 말했다.

"네 소원이 뭐냐."

"우리 어무이가 팥죽 할마이겉이 오래오래 사는 거다."

㉡(팥죽 할마이란 팥죽을 파는 할머니, 혹은 늘 팥죽을 쑤고 있는 할머니 같은데 그 할머니가 누구인지, 어째서 오래 산다고 하는지 민 씨는 모른다.)

토끼는 ⓑ마을이 있는 서쪽으로 고개를 기울였다가 몸을 소스라치게 떨고 나서 힘겨운 목소리로 말했다.

"지금 들어주었다. 그 다음은?"

"여우 겉은 마누라가 생기는 거다."

"송편을 세 번 먹으면 네 집으로 올 거다. 다음은 무엇이냐?"

"떡두깨(떡두꺼비) 겉은 아들이다."

"마누라가 들어오면 용왕이 와서 그렇게 해 준다. 이제 나를 놓아라."

"내가 언제 니를 잡았나. 니가 가 뿌리만 되지, 바보 자슥아."

그러자 토끼는 속았다는 걸 알았는지 얼굴을 무섭게 부풀리더니 황만근의 얼굴에 뜨겁고 매운 김을 내뿜었다. 황만근이 눈을 뜨지 못하고 쩔쩔매다가 간신히 떠 보니 어느새 자신의 팔이 돌아와 있는 것이었다. 황만근의 ⓒ주변에는 토끼털이 무수히 떨어져 바늘처럼 반짝이고 있었다. 황만근은 제대로 숨 쉴 겨를도 없이 집으로 달려갔다. 동네 곳곳의 닭들이 홰대에서 소리쳐 울고 있었다. 황만근은 밖에서 "어무이, 어무이" 하고 소리치면서 ⓓ마당으로 뛰어 들어갔지만 방 안에서는 아무 기척이 없었다. 방 안에 들어가 보니 그의 어머니는 그가 나갔을 때의 모습 그대로, 얼굴이 백지장처럼 변해 앉아 있었다.

"어무이, 어무이!"

그가 어깨를 흔들자 젊은 어머니는 모로 쓰러져 버렸다. 그러면서 "카악!" 하고는 목에서 주먹밥 덩어리를 토해 냈다. 황만근이 어머니를 껴안고 통곡을 하다가 손발을 주무르고 온몸을 어루만지자 어머니는 눈을 떴다.

"니 와 인자 왔노?"

"밤새도록 토깨이 귀신하고 씨름을 하다 왔다. 니는 괜찮나."

"니 기다리다가 아까 해 뜰 녘에 닭이 울길래 밥 한 딩이를 입에 넣었다가 목이 맥히서 죽을 뿐했다. 움직있다가는 더 맥힐 거 같애서 손가락 하나 까딱 모하고 이래 니가 오기 기다리고 있었니라. 이 문디 겉은 놈의 자슥아, 와 밥만 해 놓고 물은 안 떠다 났나!"

황만근은 울다가 웃다가 덩실덩실 춤을 추었다. 그러고는 어머니에게 엉덩이를 채어 물을 뜨러 동네 ⓔ우물로 달려갔다.

그날 우물가에서는 황만근의 기이한 체험이 여러

[A] 　사람의 입으로 하루 종일 수십 번 되풀이되었고 종내 황만근이 우물가로 초청되어 입이 아프도록 같은 이야기를 늘어놓아야 했다.

[B] 　송편을 세 번 빚을 만큼의 시간, 곧 세 해가 흐른 뒤에 토끼의 말대로 어떤 처녀가 그의 집으로 들어왔을 때 동네 사람들이 황만근을 보는 눈이 달라졌다.

　　　　　　　　　　　　　　- 성석제, 「황만근은 이렇게 말했다」-

01　㉠, ㉡의 서술 효과로 가장 적절한 것은?

① ㉠을 통해 민 씨가 황만근에게 들은 말을 그대로 전하고 있음을 알 수 있다.

② ㉡을 통해 황만근의 말을 전하는 민 씨도 다른 인물들처럼 서술자의 서술 대상임을 알 수 있다.

③ ㉠과 ㉡을 삭제하면 황만근과 토끼의 대결 과정을 파악하기 어렵게 된다.

④ ㉠과 ㉡은 황만근과 토끼의 대결 과정 자체에 더 몰입하여 읽도록 도와주는 기능을 한다.

⑤ ㉠과 ㉡을 통해 황만근이 민 씨로부터 전해 들은 이야기가 다시 서술되고 있음을 알 수 있다.

02　ⓐ~ⓔ를 이해한 내용으로 적절하지 않은 것은?

① ⓐ : 주인공이 기이한 체험을 하는 공간

② ⓑ : 주인공이 복귀해야 할 일상적 공간

③ ⓒ : 주인공의 지난밤 체험의 흔적이 남아 있는 공간

④ ⓓ : 주인공이 어머니에 대한 불안을 감지하는 공간

⑤ ⓔ : 주인공이 어머니의 요청을 동네 사람들에게 전하러 간 공간

03　[A], [B]에 대한 설명으로 가장 적절한 것은?

① [A]는 마을 사람들이 '이야기'를 여러 차례 들었으나 여전히 흥미를 느끼지 못했음을 보여 준다.

② [A]는 직접 경험한 사건이라도 반복적으로 전달되면서 '이야기'의 내용이 점차 달라지고 있음을 보여 준다.

③ [B]는 새로운 등장인물의 '말'에 따라 '말'을 처음 전한 존재에 대한 평가가 달라졌음을 보여 준다.

④ [B]의 '말'은 [A]의 '이야기'의 일부로, '말'의 실현이 '이야기'의 신뢰성을 높이고 있음을 보여 준다.

⑤ [B]는 [A]의 '이야기'가 삼 년 동안 전해질 수 있었던 이유가 '말'의 실현에 대한 공동체의 확신 때문임을 보여 준다.

04　〈보기〉를 참고하여 윗글을 감상한 내용으로 적절하지 않은 것은? [3점]

●보 기●

　윗글은 민담적 요소를 적극 활용한 현대 소설이다. 바보 취급을 받는 황만근이 신이한 존재와 대면했으나 위기를 극복하며 의외의 승리를 거둔다는 비현실적 이야기는 민담적 특징을 잘 보여 준다. 또한 반복적이거나 위협적인 어구 사용, 구성진 입담 등에는 언어의 주술성과 해학성이 잘 드러난다.

① 황만근이 '거대한 토끼'와 겨루는 비현실적인 이야기 전개는 민담의 일반적 특성과 맞닿아 있는 것이겠군.

② 토끼가 '너는 여기서 죽는다.'라는 말을 세 번 반복한 것은 언어의 주술적 특성을 드러내는 것이겠군.

③ 황만근이 '니는 인자 죽었다.'라고 발언하며 위협한 것은 의외의 결과를 가져와 토끼가 황만근의 소원을 들어주기로 하였겠군.

④ '바보 자슥아'라는 말은 황만근에 대한 신이한 존재의 우위가 변했음을 보여 주는 것이겠군.

⑤ 어머니가 '주먹밥 덩어리'를 토해 내는 것은 황만근에게 속은 것을 깨달은 토끼의 주술적 복수라 할 수 있겠군.

[황만근은 이렇게 말했다]

1) [앞부분 줄거리] 황만근은 마을 사람들에게 바보 취급을 받지만, 외지 출신인 민 씨는 달리 생각한다. 어느 날, 밤늦게 집에 가던 황만근은 토끼 고개에서 거대한 토끼를 만난다.

2) "그기 뭔 소리라? 내가 내 집에 내 발로 가는데 니가 뭐라꼬 집에 못 간다 카나. 귀신이마 썩 물러가고 토끼마 착 엎디리라. 내가 너를 타고서라도 집에 갈란다."

1) 거대한 토끼는 황만근이 한 번도 맡아 본 적이 없는 비린 냄새를 풍기면서 느릿하고 탁한 음성으로 다시 말했다.

"너는 여기서 죽는다. 너는 여기서 죽는다. 너는 여기서 죽는다. 너는 집에 못 간다."

3) 황만근은 온몸에 소름이 돋고 털이란 털은 모두 위로 곤두섰다. 그래도 있는 힘을 다해 토끼를 밀치며 "비키라!" 하고 소리를 질렀다.

4) 그런데 토끼를 밀친 황만근의 팔이 토끼의 털에 묻히는가 싶더니 진공청소기에 빨려 드는 파리처럼 쑤욱 안으로 빨려 들어가는 것이었다 (황만근이 한 말이 아니라 그 말을 들은 민 씨의 표현이다).

5) 황만근은 한 팔로 옆에 있는 나무를 붙잡으면서 빨려 들어간 팔을 도로 빼려고 안간힘을 썼다. 황만근을 빨아들이려는 공간은 아무것도 잡히지 않을 정도로 넓었고 허전했고 또한 소름끼치도록 차가웠다. 토끼는 토끼대로 쉽게 끌려 들어오지 않는 황만근을 마저 끌어들이기 위해 온몸을 떨면서 뒷발을 든 채 버티고 있었다.

6) 그런 상태로 시간이 하염없이 흘렀다. 어느새 동쪽 하늘이 부옇게 밝아 오기 시작했다. 그러자 토끼는 황만근을 향해 "너는 이제 살았다. 너는 이제 살았다. 너는 이제 살았으니 나를 놓아라"하고 말했다.

7) 황만근은 오기가 나서 "택도 없는 소리 말거라. 니를 탕으로 끓여서 어무이하고 나하고 마주 앉아서 먹어 치울끼다. 니 가죽을 빗기서 어무이 목도리를 하고 내 토시를 하고 장갑을 할 끼다. 니는 인자 죽었다, 자슥아" 하고 소리쳤다.

8) 토끼는 다급하게 물었다. "그럼 어떻게 하면 네 팔을 빼겠느냐." 황만근은 팔을 안 빼는 게 아니라 못 빼고 있는데 토끼가 그렇게 물어오자 할 말이 없었다. 그래서 되는 대로 "내 소원을 세 가지 들어주기 전에는 니까잇 거는 못 간다" 하고 말했다.

9) "네 소원이 뭐냐."

"우리 어무이가 팥죽 할마이걸이 오래오래 사는 거다."

(팥죽 할마이란 팥죽을 파는 할머니, 혹은 늘 팥죽을 쑤고 있는 할머니 같은데 그 할머니가 누구인지, 어째서 오래 산다고 하는지 민 씨는 모른다.)

10) 토끼는 마을이 있는 서쪽으로 고개를 기울였다가 몸을 소스라치게 떨고 나서 힘겨운 목소리로 말했다.

11) "지금 들어주었다. 그 다음은?"

"여우 겉은 마누라가 생기는 거다."

"송편을 세 번 먹으면 네 집으로 올 거다. 다음은 무엇이냐?"

"떡두깨(떡두꺼비) 겉은 아들이다."

"마누라가 들어오면 용왕이 와서 그렇게 해 준다. 이제 나를 놓아라."

12) "내가 언제 니를 잡았나. 니가 가 뿌리만 되지, 바보 자슥아."

그러자 토끼는 속았다는 걸 알았는지 얼굴을 무섭게 부풀리더니 황만근의 얼굴에 뜨겁고 매운 김을 내뿜었다. 황만근이 눈을 뜨지 못하고 쩔쩔매다가 간신히 떠 보니 어느새 자신의 팔이 돌아와 있는 것이었다. 황만근의 주변에는 토끼털이 무수히 떨어져 바늘처럼 반짝이고 있었다.

13) 황만근은 제대로 숨 쉴 겨를도 없이 집으로 달려갔다. 동네 곳곳의 닭들이 홰대에서 소리쳐 울고 있었다. 황만근은 밖에서 "어무이, 어무이" 하고 소리치면서 마당으로 뛰어 들어갔지만 방 안에서는 아무 기척이 없었다. 방 안에 들어가 보니 그의 어머니는 그가 나갔을 때의 모습 그대로, 얼굴이 백지장처럼 변해 앉아 있었다.

14) "어무이, 어무이!"

그가 어깨를 흔들자 젊은 어머니는 모로 쓰러져 버렸다. 그러면서 "카악!" 하고는 목에서 주먹밥 덩어리를 토해 냈다. 황만근이 어머니를 껴안고 통곡을 하다가 손발을 주무르고 온몸을 어루만지자 어머니는 눈을 떴다.

15) "니 와 인자 왔노?"

"밤새도록 토깨이 귀신하고 씨름을 하다 왔다. 니는 괘않나."

"니 기다리다가 아까 해 뜰 녘에 닭이 울길래 밥 한 딩이를 입에 넣었다가 목이 맥히서 죽을 뻔했다. 움직있다가는 더 맥힐 거 같애서 손가락 하나 까딱 모하고 이래 니가 오기 기다리고 있었니라. 이 문디 걸은 놈의 자슥아, 와 밥만 해 놓고 물은 안 떠 났나!"

16) 황만근은 울다가 웃다가 덩실덩실 춤을 추었다. 그러고는 어머니에게 엉덩이를 채어 물을 뜨러 동네 우물로 달려갔다. 그날 우물가에서는 황만근의 기이한 체험이 여러 사람의 입으로 하루 종일 수십 번 되풀이되었고 종내 황만근이 우물가로 초청되어 입이 아프도록 같은 이야기를 늘어놓아야 했다.

17) 송편을 세 번 빚을 만큼의 시간, 곧 세 해가 흐른 뒤에 토끼의 말대로 어떤 처녀가 그의 집으로 들어 왔을 때 동네 사람들이 황만근을 보는 눈이 달라졌다.

☆ 행동 영역

- 서술자(시점) 파악
= 중요한 것은 단순한 시점이 아닌, 서술자의 위치, 시각, 태도!
- 소설은 '갈등'이 가장 중요
= 모든 것은 '갈등'을 위한 Base임을 잊지 말자!
(인물이 인식하는 부정적 상황 파악)
- '갈등' 파악(사건단위끊기)
= 인물 교체 지점, 배경 전환 지점 체크
- '갈등 양상' 파악
= 갈등 고조 or 갈등 해소 체크
- 인물의 '심리'를 기준으로 '대화/행동/반응/태도'의 기준 잡기
= 맥락으로 파악!
- 인물들이 나오면 '갈등' 관계인지 '동맹' 관계인지 파악

★ 사고 영역

[핵심 point] 황만근은 이렇게 말했다

[1] 상황 : 토끼와 황만근이 대치를 하고 있는 상황에서 갈등이 일어난다. 황만근은 토끼에게 팔이 매달려서 어쩔 수 없이 나무를 붙잡고 버렸고, 토끼는 자신이 황만근의 팔을 잡고 있는 것을 모르고 황만근에게 자신을 놓아달라고 하다가 황만근의 요구로 소원 3개를 들어주게 되고, 황만근이 사실을 실토하자 분노하며 사라진다. 그후 황만근은 집으로 돌아가 주먹밥이 목에 걸린 어머니를 구하고 자신의 일화를 우물가에서 사람들에게 자랑하게 된다. 그리고 그가 토끼에게 빌었던 소원 중 마누라를 달라는 소원이 이뤄지게 된다.

[2] 인물의 심리/대화/반응/정서/태도
황만근과 토끼가 대치하고 있는 상황에서 황만근은 토끼에게 두려움과 위협을 느끼고 자신의 팔이 토끼의 털에 말려들자 당황한다. 그런 과정에서 토끼는 상황을 잘 모르고 황만근의 소원을 들어주게 되자 분노하며 사라진다.

01

정답해설

② ㉡에서 황만근이 언급한 팥죽 할머니가 무엇인지 민씨가 알지 못하고 있음을 서술자가 제시하므로 그러한 민씨의 특성들도 서술자에게는 서술의 대상이라고 볼 수 있다.

오답해설

① ㉠에서 민 씨는 황만근에게 들은 내용을 자신의 비유를 덧붙여서 전달하고 있다.

③ ㉠과 ㉡을 삭제해도 황만근과 토끼의 대결 과정은 대체적으로 드러나므로 파악 가능하다.

④ 갑자기 팥죽 할머니에 대한 설명이 나타나고 민씨의 말이라는 점을 설명하는 부분이 들어가는 것이 대결에 대한 몰입을 돕는다고 볼 수는 없다.

⑤ 민 씨가 황만근으로부터 전해 들은 이야기가 서술되고 있는 것이다.

정답/오답의 기준

문항 번호	정서/태도 오류 반대 서술, 문맥흐름X	상황(배경) 오류 시간적, 공간적배경 오류	주체 왜곡 주체/대상 오류	갈등 오류 내용X, 문맥흐름X	논리 오류 보기 오류	개념어 오류 O, X
①	V					V
②						
③	V					V
④	V					V
⑤				V		

02

정답해설

⑤ 어머니의 요청을 동네 사람들에게 전할 필요가 전혀 없었으며, 마을 사람들에게 전한 것은 자신과 토끼가 싸운 일화이다.

오답해설

① 토끼와 대결을 하는 것은 기이한 체험이라고 볼 수 있으므로 옳다.

② 자신의 집이 있는 마을은 일상적 삶을 영위할 수 있는 공간이다.

③ 황만근과 대결한 토끼의 털이 떨어져 있었기 때문에 그 기이한 체험의 흔적이 남아 있는 공간이다.

④ 황만근이 어머니의 기척이 느껴지지 않는다고 불안을 느끼

는 공간이다.

정답/오답의 기준

문항 번호	정서/태도 오류 반대 서술, 문맥흐름X	상황(배경) 오류 시간적, 공간적배경 오류	주체 왜곡 주체/대상 오류	갈등 오류 내용X, 문맥흐름X	논리 오류 보기 오류	개념어 오류 O, X
①						
②						
③						
④						
⑤		V	V			

03

정답해설

④ 마을 사람들이 황만근을 평소에 바보 취급했다는 것을 고려하면 황만근이 마을 사람들에게 전한 기이한 체험이 실현되는 [B]의 상황은 황만근의 이야기에 신뢰성을 더해주는 역할을 한다.

오답해설

①, ② [A]의 황만근이 '입이 아프도록 같은 이야기를 늘어놓았다'라는 구절을 통해 사람들이 황만근의 이야기를 흥미롭게 들었고 전달되는 '이야기'의 내용은 달라지지 않았음을 알 수 있다.

③ 토끼의 '말'은 새로운 인물의 말이라고 볼 수 없다.

⑤ 동네 사람들은 바보로 여겨지는 황만근의 이야기가 실현될 것이라고 확신하지 않았을 것이다.

정답/오답의 기준

문항 번호	정서/태도 오류 반대 서술, 문맥흐름X	상황(배경) 오류 시간적, 공간적배경 오류	주체 왜곡 주체/대상 오류	갈등 오류 내용X, 문맥흐름X	논리 오류 보기 오류	개념어 오류 O, X
①	V					
②						V
③			V			V
④						
⑤	V					

04

정답해설

⑤ 황만근의 어머니가 주먹밥을 토해냄으로써 위기에서 벗어난다는 점을 고려하면 주먹밥을 토해내는 것이 복수라고 보기는 힘들다.

오답해설

① 위기를 극복하고 의외의 승리를 거두는 황만근의 이야기는 비현실적인 민담적 특징을 보여준다.

② 토끼가 황만근에게 죽는다고 여러 반복하여 말하는 것은 반복적이면서 위협적인 어구를 사용하여 언어의 주술성을 드러내는 사례이다.

③ 황만근의 '너는 인제 죽었다'라는 말에 당황한 토끼가 황만근의 소원을 이루어 주는 것을 보아 황만근이 의외의 승리를 거두게 되는 것에 황만근의 말이 큰 영향을 주었다는 것을 확인할 수 있다.

④ 대결 초반에 토끼에게 위협과 두려움을 느끼는 황만근은 대결 후반에서 토끼에게 '바보 자슥'이라는 말을 할 정도로 토끼에 대해 우위를 점하게 된다.

정답/오답의 기준						
문항 번호	정서/태도 오류	상황(배경) 오류	주체 왜곡	갈등 오류	논리 오류	개념어 오류
	반대 서술, 문맥흐름X	시간적, 공간적배경 오류	주체/대상 오류	내용X, 문맥흐름X	보기 오류	O, X
①						
②						
③						
④						
⑤	V					V

거미손

Series 6

독서/문학 심화편

4

주차

독서

제재별 독해

인문 ①, ②

[1~3] 다음 글을 읽고 물음에 답하시오.

서양 근대 윤리학에서 칸트의 도덕 철학과 헤겔의 윤리 이론은 각기 도덕성과 인륜성의 개념으로 대표되며 오늘날에도 여전히 논란거리를 제공하고 있다.

이 가운데 칸트의 도덕 철학이 갖는 우선적 목표는 '보편도덕'을 확립하는 것이다. 그는 신과 같은 초월적 존재의 권위에 기대지 않고, 인간 존재에게 '이성'이 그 자체로 이미 주어졌다는 사실에 의거하여 '보편도덕'을 세운다. 그는 인간과 도덕으로부터 ⓐ <u>경험 세계의 모든 우연적 요소들</u>을 제거한다. 인간이 피와 살을 가진 물리적 세계의 존재이고, 감정이나 취향과 같은 경향성을 가지며, 다른 사람들과 함께 살아가는 존재라는 사실을 모두 소거한다. 이로써 인간이 이성적 존재라는 단 하나의 사실에 초점을 맞춘다. '이성' 이외에 그 어떤 것도 필요로 하지 않는 '의지'의 개념을 도출하고 그것을 '이성적 의지'라고 부른다. 이성적 의지는 순수한 의지이며 자유로운 의지이자 자율적 의지이다. 여기서 자유란 스스로 법칙을 제정하고 동시에 자신이 제정한 법칙에 스스로 예속되는 '자기입법'과 '자기예속'으로서 '자율'의 능력을 의미한다. 그리고 행위를 강제하는 의무는 ⓑ <u>'법칙에 대한 존경으로부터 생겨난 행위의 필연성'</u>에서 비롯하며, 도덕적 행위의 유일한 판단 기준이 된다.

'이성적 주체'로서 개인은 인류 전체를 대표하고 나아가서 모든 이성적 존재를 대변할 수 있는 '자기 완결적' 존재이고, 그의 주관적 행위 원리인 준칙이 도덕 세계의 필연적 보편 법칙이 됨으로써 ⓒ <u>도덕적 주체</u>가 된다. 칸트는 도덕 원리이자 의무를 ⓓ <u>'정언명법'</u>이라 부르며 다음과 같이 정식화한다. "네 의지의 준칙이 동시에 보편적 입법의 원리로서 타당하도록 행위하라." 이에 따르면 도덕성의 핵심은 ⓔ <u>'보편화 가능성'</u>에 있다.

헤겔은 칸트의 도덕성 개념을 비판하며 '윤리적 삶'의 가치를 높이 평가한다. 윤리적 삶은 진정한 자유의 실현이며, 이는 끝없이 전진하는 자기의식이 도달하는 지점이다. 도덕적 질서와 달리 윤리적 질서는 실재하는 내용을 지닌다. 그리하여 추상적인 또는 형식적인 이성의 원리에 기초하여 무엇이 의무인지 결정할 수 없는 어려움이 윤리의 수준에서는 사라진다. 가족이나 시민사회, 국가와 같은 윤리적 공동체에 참여한다는 것은, 인간 본성의 이성적인 본질이 외적으로 실현되는 것이며, 이 공동체의 구성원으로서 특정 역할을 받아들여 그에 따른 의무와 책임을 인정하게 됨을 의미한다. 그리고 각자가 지닌 특수한

의지가 보편적 의지로서의 윤리적 질서와 일치하게 됨을 확인하기만 하면, 윤리적 질서 안에서 의무와 권리는 하나가 되어 의무는 더 이상 강제가 아니게 된다.

헤겔은 윤리적 삶의 영역을 ⓐ <u>인륜</u>이라 부른다. 인륜이 발전하는 계기는 세 단계로 이루어진다. 첫 번째 단계는 가족이다. 개인은 가족을 통해서 윤리적 삶으로 들어간다. 가족 안에서 개체성에 대한 자기의식을 비로소 얻게 되며 독립적인 개인이 아니라 가족의 한 구성원임을 알게 되고, 부부 간 그리고 부모와 자식 간에 존재하는 권리와 의무를 받아들이게 된다. 두 번째 단계는 시민사회이다. 시민사회는 스스로 존재하는 개인들의 필요에 따른 연합과 법률적 체계화 그리고 그들의 특수한 공통 이익을 얻기 위한 외적인 조직체를 통해서 발생한다. 개인은 자기 자신의 실재하는 정신이 시민사회 안에 구체화되어 있음을 발견할 때, 일정 수준의 자유에 도달한다. 시민사회에서 개인은 각자의 사회적 지위에 따라 특수하게 구체화된 존재이지만, 법적 체계에서는 모두 동등한 권리를 지닌 존재이다. 세 번째 단계는 국가이다. 개인의 개체성과 특수한 관심은 자신의 완전한 발전의 성취와 권리의 분명한 인식을 추구한다. 이와 함께 개인은 자기 이익을 넘어서서 보편의 이익과 일치하려 하며, 보편을 인식하고 의욕하려 한다. 개인이 국가 안에서 진정한 개체성을 지니고 보편을 자기 자신의 실재하는 정신으로 인식하며 보편을 자신의 목표로 간주하여 적극적으로 추구할 때, 국가란 그에게 자유의 실현이 된다.

01 ⓐ~ⓔ에 관한 설명으로 가장 적절한 것은?

① ⓐ을 제거하기 위해 도덕적 주체는 개인적 취향, 전통과 관행, 추론 능력과 무관하게 도덕 법칙을 정초한다.

② ⓑ에 따른 행위란 이성의 요구에 따라 우리가 하여야 할 바를 행하는 것으로 이런 행위만 진정한 도덕적 행위가 된다.

③ ⓒ은 외부의 사건이나 다른 행위자가 원인이 되어 행위를 하지 않으며 자신의 경향성을 행위의 동기로 한다.

④ ⓓ은 '네가 어떤 목적을 성취하고 싶다면 그 목적에 맞는 수단으로 행위하면 된다'는 뜻이다.

⑤ ⓔ을 통해 초월적 존재에 의해 선험적으로 주어진 권위로부터 행위의 도덕성이 확보된다.

02 비판의 내용으로 적절하지 않은 것은?

① 이성의 형식에만 호소하기에 이성의 내용을 실질적으로 갖추지 못하고 있다.

② 도덕 원리를 구성할 때 의무와 권리를 함께 고려하지 않고 일방적으로 의무를 부각하고 있다.

③ 인간의 자유를 이성적 존재의 보편성으로 한정하여 윤리적 삶의 구체적인 자유를 설명하지 못하고 있다.

④ 인간에게 본성으로 주어진 이성 능력을 발휘하여 보편 의지를 함양하는 과정에 논증이 편중되어 균형을 잃고 있다.

⑤ 고립적인 자기동일성의 차원에 머무름으로써 윤리적 삶의 각 단계를 거쳐 자기의식에 도달하는 자아 형성의 가능성을 도외 하고 있다.

03 @에 대한 설명으로 적절하지 않은 것은?

① 가족의 단계에서 자녀들은 양육될 권리를 지닌다.

② 시민사회의 단계에서 모든 구성원들의 사회적 지위는 동등하다.

③ 국가의 단계에서 개체성은 사유와 구체적 현실 모두에서 보편성으로 통일된다.

④ 시민사회보다 국가에서 개인의 자유는 고양된 형태로 구현된다.

⑤ 가족, 시민사회, 국가는 이성이 외적으로 발현되는 단계들을 나타낸다.

01

정답해설

② ⓛ에서 의무가 발현되기 때문에 우리가 하여야 할 바가 여기서 나오고 이것이 도덕적 행위이다. 즉 ⓛ을 기준으로 하는 행위는 이성에 따라서 하게 되는 행위라고 볼 수 있고 이는 도덕적 행동이라는 결론에 직결된다.

오답해설

① 제거해야 하는 것은 우연적 요소들인데. 추론 능력은 이성과 관련 있는 능력이므로 도덕적 행위를 판단하는 데에 매우 중요한 요소이다. 즉 추론 능력은 사라지면 안 된다.

③ 자신의 경향성은 이성과 상관없는 우연적 요소라고 볼 수 있으며, 이는 제거되어야 하는 요소이다.

④ 의지의 명령을 따르는 행동을 하는 것이지 목적성을 지니라는 것이 아니다. 필연적으로 그렇게 해야 한다는 것이며, 어떤 목적이나 이유를 가지고 하는 것이 아니다.

⑤ 칸트의 도덕에서 초월적 존재는 드러나지 않는다. 오히려 그런 요소를 배제하고 이성과 관련하여 도덕을 판단하는 것이 칸트의 입장에 가깝다.

	정답/오답의 기준				
문항 번호	논리부정 (상반) A → not A	인과 역전 A → B ←	주체 왜곡 A&a / B&b → A&b B&a	논리곱 / 합 (and / or) (100% / 예외)	오답 / 부재
①	V		V		
②					
③	V				
④					V
⑤	V				

02

정답해설

④ [5문단] 보편 의지를 함양하는 과정을 중시하는 것은 인류의 발전 과정을 윤리적 공동체의 여러 단계로 분류하여, 그 과정을 탐구한 헤겔의 윤리론에 가깝다. 따라서 칸트와는 다르다고 볼 수 있다.

오답해설

① [4문단] 윤리적 질서와 달리 도덕적 이성적 원리는 실재적이지 않은 점을 비판한다. 다시 말하자면, 윤리적 질서는 실재하는 내용을 가지는데 칸트의 도덕적이고 이성적인 원리는 무엇이 의무인가를 확연히 결정할 수 없다는 점을 비판하고 있다.

② [3문단] 의무의 강제성만을 중시하여 필연적으로 따라야 하는 것들에 대해서만 강조하였으며, 이는 개인의 권리에 대한 고려가 적절하게 되지 못하였다고 볼 수 있다.

③ [2문단] 인간의 자유를 법칙에 예속되는 것이라고 정의해서 이성의 보편성 그 이상으로 자유의 의미를 확장시키지 못한 부분에서 비판할 수 있다.

⑤ [2문단] 공동체 속에서 드러나는 개인의 특성을 무시한 채, 단순히 이성적이라는 특성만으로 이끌어낸 결과의 자기 고립성에 대해 비판할 수 있다.

	정답/오답의 기준				
문항 번호	논리부정 (상반) A → not A	인과 역전 A → B ←	주체 왜곡 A&a / B&b → A&b B&a	논리곱 / 합 (and / or) (100% / 예외)	오답 / 부재
①					
②					
③					
④			V		
⑤					

03

정답해설

② [5문단] 법적 지위는 동등하며 개인마다 동등한 권리를 가지지만, 사회적 위치는 개인마다 특수하게 구체화될 수 있다고 서술하고 있다.

오답해설

① 가족 단계에서 각 개인은 자신의 역할에 맞는 권리와 의무를 갖게 되는데, 이 과정에서 자식은 부모에게 양육될 권리를 갖게 된다.

③ 개인은 자신의 개체성을 지니고 보편을 추구하려고 생각하며, 이 과정에서 사유의 단계에서 개체성과 보편성은 통일을 이룬다. 또한 구체적 현실에서 의무와 권리를 융합하여 개체성과 보편성을 통합하여 추구하게 되므로 이는 개체성과 보편성의 통일이 두 가지 측면에서 모두 이뤄진다는 점을 제시한다.

④ 단계가 커질수록 인류이 점점 발달된다. 즉 국가에서 발달되는 인류이 가장 발달되어 있으며, 이는 자유에 대해서도 같게 판단할 수 있다. 따라서 국가에서 자유가 가장 고양된 형태로 구현될 것이다.

⑤ [4문단] 윤리적 공동체에 참여한다는 것은 인간의 이성적인 본질의 외적으로 구현되는 과정이라고 볼 수 있다. 즉 가족, 시민 사회, 국가는 윤리적 공동체로써 이성이 외적으로 발현되는 단계라고 생각할 수 있다.

[1~3] 다음 글을 읽고 물음에 답하시오.

인격체는 인간이나 유인원과 같은 동물처럼 자기의식을 지닌 합리적 존재인데, 이들은 자율적 판단 능력을 가지고 있고 자신의 삶이 미래에도 지속될 것을 인식할 수 있다. 반면에 그러한 인격적 특성을 지니고 있지 않은 물고기와 같은 동물은 비인격체로서 자기의식이 없으며 단지 고통과 쾌락을 느낄 수 있는 감각적 능력만을 갖고 있다. 그렇다면 인격체를 죽이는 것이 비인격체를 죽이는 것보다 더 심각한 문제가 되는 이유는 무엇인가?

사람을 죽이는 행위를 나쁘다고 간주하는 이유들 중의 하나는 그것이 살해당하는 사람에게 고통을 주기 때문이다. 그런데 그 사람에게 전혀 고통을 주지 않고 그 사람을 죽이는 경우라고 해도 이를 나쁘다고 볼 수 있는 근거는 무엇인가? '고전적 공리주의'는 어떤 행위가 불러일으키는 쾌락과 고통의 양을 기준으로 그 행위에 대해 가치 평가를 내린다. 이 관점을 따를 경우에 그러한 살인은 그 사람에게 고통을 주지도 않고 고통과 쾌락을 느낄 주체 자체를 아예 없애기 때문에 이를 나쁘다고 볼 근거는 없다. 따라서 피살자가 겪게 되는 고통의 증가라는 '직접적 이유'를 내세워 그러한 형태의 살인을 비판하기는 어렵다. 고전적 공리주의의 관점에서는 피살자가 아니라 다른 사람들이 겪게 되는 고통의 증가라는 '간접적 이유'를 내세워 인격체에 대한 살생을 나쁘다고 비판할 수 있다. 살인 사건이 주변 사람들에게 알려지면 이를 알게 된 사람들은 비인격체와는 달리 자신도 언젠가 살해를 당할 수 있다는 불안과 공포를 느끼게 되고 이로 인해 고통이 증가하는 결과가 발생하므로 살인이 나쁘다는 것이다.

이에 비해 '선호 공리주의'는 인격체의 특성과 관련하여 그러한 살인을 나쁘다고 보는 직접적 이유를 제시한다. 이 관점은 어떤 행위에 의해 영향을 받는 선호들의 충족이나 좌절을 기준으로 그 행위에 대해 가치 평가를 내린다. 따라서 고통 없이 죽이는 경우라고 해도 계속 살기를 원하는 사람을 죽이는 것은 살려고 하는 선호를 좌절시켰다는 점에서 나쁜 것으로 볼 수 있다. 특히 인격체는 비인격체에 비해 대단히 미래 지향적이다. 그러므로 인격체를 죽이는 행위는 단지 하나의 선호를 좌절시키는 것이 아니라 그가 미래에 하려고 했던 여러 일들까지 좌절시키는 것이므로 비인격체를 죽이는 행위보다 더 나쁘다.

'자율성론'은 공리주의와는 다른 방식으로 이 문제에 접근하여 살인을 나쁘다고 비판하는 직접적 이유를 제시한다. 이 입장은 어떤 행위가 자율성을 침해하는지 그렇지 않은지를 기준으로 그 행위에 대해 가치 평가를 내린다. 인격체는 비인격체와는 달리 여러 가능성을 고려하면서 스스로 선택하고, 그 선택에 따라 행동하는 능력을 지닌 자율적 존재이며, 그러한 인격체의 자율성은 존중되어야 한다. 인격체는 삶과 죽음의 의미를 파악하여 그 중 하나를 스스로 선택할 수 있다. 이러한 선택은 가장 근본적인 선택인데, 죽지 않기를 선택한 사람을 죽이는 행위는 가장 심각한 자율성의 침해가 된다. 이와 관련하여 공리주의는 자율성의 존중 그 자체를 독립적인 가치나 근본적인 도덕 원칙으로 받아들이지는 않지만 자율성의 존중이 대체로 더 좋은 결과를 가져온다는 점에서 통상적으로 그것을 옹호할 가능성이 높다.

인격체의 살생과 관련된 이러한 논변들은 인간뿐만 아니라 유인원과 같은 동물에게도 적용되어야 한다. 다만 고전적 공리주의의 논변은 유인원과 같은 동물에게 적용하는 데 조금 어려움이 있을 수도 있다. 왜냐하면 인간에 비해 그런 동물은 멀리서 발생한 동료의 살생에 대해 알기 어렵기 때문이다. 여러 실험과 관찰을 통해 확인할 수 있듯이 침팬지와 같은 유인원은 자기의식을 지닌 합리적 존재로서 선호와 자율성을 지니고 있다. 따라서 이러한 인격적 특성을 지닌 존재를 단지 종이 다르다고 해서 차별적으로 대하는 것은 옳지 않으며, 그런 존재를 죽이는 것은 인간을 죽이는 것과 마찬가지로 나쁜 일이다. 인격체로서의 인간이 특별한 생명의 가치를 가진다면 인격체인 유인원과 같은 동물도 그러한 특별한 생명의 가치를 인정받아야 한다.

01 윗글의 내용과 부합하지 <u>않는</u> 것은?

① 자율성의 존재 여부는 인간과 동물을 구분하는 중요한 기준이다.

② 모든 동물이 인간과 같은 정도의 미래 지향성을 갖는 것은 아니다.

③ 죽음과 관련하여 모든 동물의 생명이 같은 가치를 가지는 것은 아니다.

④ 자기 존재에 대한 의식은 인격체와 비인격체를 구분하는 중요한 기준이다.

⑤ 인격적 특성을 가진 동물의 생명은 인간의 생명과 비교하여 차별되어서는 안 된다.

02 윗글에서 추론한 것으로 적절하지 <u>않은</u> 것은?

① 어떠한 선호도 가지지 않는 존재를 죽이는 행위가 다른 존재에게 아무런 영향도 주지 않는다면, 선호 공리주의는 그 행위를 나쁘다고 비판하기 어렵다.

② 아무도 모르게 고통을 주지 않고 살인을 하는 경우라면 고전적 공리주의는 '간접적 이유'를 근거로 이를 비판하기 어렵다.

③ 아무런 고통을 느낄 수 없는 존재를 죽이는 행위에 대해 고전적 공리주의는 '직접적 이유'를 근거로 비판하기 어렵다.

④ 인격체 살생에 대한 찬반 문제에서 공리주의와 자율성론은 상반되는 입장을 취할 가능성이 높다.

⑤ 자율성론에서는 불치병에 걸린 환자가 죽기를 원하는 경우에 안락사가 허용될 수 있다.

03 〈보기〉의 갑과 을의 행위에 대한 아래의 평가 중 적절한 것만을 있는 대로 고른 것은?

●보 기●

  ○ 갑은 미래에 대한 다양한 기대, 삶의 욕망 등을 갖고 행복하게 살던 고릴라를 약물을 사용하여 고통 없이 죽였다. 이 죽음은 다른 고릴라들에게 커다란 슬픔과 죽음의 공포를 주었으며, 그 이외의 영향은 없다.

  ○ 을은 눈앞에 있는 먹이를 먹으려는 욕구만을 지닌 채 별 어려움 없이 살아가던 물고기를 고통을 주는 도구를 사용하여 죽였으며, 그 죽음에 의해 영향을 받는 존재는 없다.

ㄱ. 고전적 공리주의는 갑의 행위는 나쁘지만 을의 행위는 나쁘지 않다고 본다.

ㄴ. 선호 공리주의는 갑의 행위가 을의 행위에 비해 더 나쁘다고 본다.

ㄷ. 자율성론은 갑의 행위와 을의 행위가 모두 나쁘다고 본다.

① ㄱ   ② ㄴ   ③ ㄱ, ㄴ

④ ㄱ, ㄷ   ⑤ ㄴ, ㄷ

정답					
1	①	2	④	3	②

01

정답해설

① 물고기와 같은 동물은 비인격체로서 자기의식이 없으며 단지 감각적 능력만을 갖고 있다고 설명하고 있다. 그러나 유인원과 같은 동물도 인격적 특성 및 자율적 판단 능력을 지니고 있다고 했으므로, 자율성의 존재 여부는 인격체와 비인격체를 구분하는 기준이 된다고 할 수 있다.

오답해설

② 인간이나 유인원은 자율적 판단 능력을 지니며 자신의 삶이 미래에도 지속될 것을 인식할 수 있는 합리적 존재라고 제시하고 있다. 따라서, 인격적 특성을 지닌 동물만 인간과 마찬가지로 미래 지향성을 갖는다는 것이다.

③ 지문에서는 인격적 특성을 지닌 존재를 죽이는 것이 비인격체를 죽이는 것보다 나쁜 행위라는 데에 동의한다. 즉, 모든 생명이 동일한 가치를 지닌다는 것에 반대하고 있다.

④ 1문단에서 인격체는 자기의식을 지닌 합리적 존재이지만, 비인격체는 자기의식이 없다고 하였다.

⑤ 인격적 특성을 지닌 존재를 종이 다르다고 해서 차별적 대우를 해서는 안된다고 언급하고 있다. 즉, 인간과 마찬가지로 인격적 특정을 지닌 동물의 생명도 특별한 가치를 지니고 있다는 것이다.

	정답/오답의 기준				
문항 번호	논리부정 (상반)	인과 역전	주체 왜곡	논리곱 / 합	오답 / 부재
	A → not A	A → B ←	A&a / B&b → A&b B&a	(and / or) (100% / 예외)	
①				V	
②					
③					
④					
⑤					

02

정답해설

④ 공리주의는 자율성의 인정이 더 좋은 결과를 가져온다는 점에서 통상적으로 그것을 옹호할 가능성이 높다고 하였는데, 이를 통해 공리주의와 자율성론 모두 인격체를 살생하는 것에 반대한다는 것을 알 수 있다.

오답해설

① 선호 공리주의는 어떤 인격체를 죽이는 행위가 그 인격체의 선호를 좌절시키는 행위이므로 나쁜 행위라고 판단한다. 따라서, 선호 자체를 갖지 않는 존재라면 살생으로 인해 좌절되는 선호가 없으므로 나쁜 행위라고 비판하기 어려울 것이다.

② 고전적 공리주의는 살인을 할 경우, 그 존재의 죽음을 알게된 타인의 고통이 증가한다는 점에서 인격체 살인을 나쁜 행위라고 평가한다. 즉, 아무도 모르게 살인을 하는 행위라면 다른 사람들의 고통을 증가시켰다는 근거를 대기 어렵다.

③ 고전적 공리주의는 살해당하는 사람에게 고통을 준다는 '직접적 이유'를 들어 인격체 살인을 나쁜 행위로 판단한다. 즉, 아무런 고통을 느낄 수 없는 존재를 죽이는 경우 그 존재에게 고통을 주었다는 근거를 제시하기 어렵다.

⑤ 자율성론은 인격체가 자율적 존재라는 점에 주목하여, 살생 행위가 삶과 죽음에 대한 인격체 스스로의 선택을 존중하지 않는 행위이므로 나쁘다고 판단한다. 따라서, 불치병 환자가 스스로 죽기를 원하였다면 그의 자율성을 존중하여 안락사를 허용하는 것이 가능하다고 할 것이다.

	정답/오답의 기준				
문항 번호	논리부정 (상반)	인과 역전	주체 왜곡	논리곱 / 합	오답 / 부재
	A → not A	A → B ←	A&a / B&b → A&b B&a	(and / or) (100% / 예외)	
①					
②					
③					
④				V	
⑤					

03

정답해설

②

ㄴ. 갑은 미래에 대한 기대를 가지고 행복하게 살던 고릴라를 죽였고, 을은 눈앞의 먹이를 먹으려는 욕구만을 가진 채 살던 물고기를 죽였다. 이때 선호 공리주의는 고릴라가 죽임을 당함으로써 좌절된 선호가 더 많았다는 점에서 고릴라를 죽인 행위가 물고기를 죽인 행위보다 더 나쁘다고 판단할 것이다.

오답해설

ㄱ. 갑은 고릴라를 죽임으로써 다른 고릴라들이 슬픔과 죽음의 공포를 느끼게 한 반면, 을은 도구를 사용하여 물고기를 죽임으로써 직접 고통을 느끼게끔 하였다. 이에 따라, 고전적 공리주의는 갑의 경우 다른 인격체의 고통을 증가시켰다는 간접적 이유를 제시하고, 을의 경우 해당 존재의 고통을 증가시켰다는 직접적 이유를 근거로 하여 그들의 행위가 모두 나쁘다고 볼 것이다.

ㄷ. 갑이 죽인 고릴라는 미래 지향적인 인격체인 반면, 을이 죽인
   물고기는 비인격체였으므로 자율성론은 갑의 살생만을 나쁘다
   고 평가할 것이다.

문항 번호	논리부정 (상반) A → not A	인과 역전 A → B ←	주체 왜곡 A&a / B&b → A&b B&a	논리곱 / 합 (and / or) (100% / 예외)	오답 / 부재
			정답/오답의 기준		
ㄱ				V	
ㄴ					
ㄷ	V			V	

4
주차

문학

기출로 분석하기 - 2021. 6월 ③, ④

[1~3] 다음 글을 읽고 물음에 답하시오.

금강대 맨 우층의 선학(仙鶴)이 삿기 치니
춘풍 옥적성(玉笛聲)의 첫잠을 깨돗던디
호의현상*이 반공(半空)의 소소 뜨니
서호 녯 주인*을 반겨셔 넘노는 듯
소향로 대향로 눈 아래 구버보고
정양사 진헐대 고려 올나 안즌마리
여산 진면목이 여긔야 다 뵈는구나
어와 조화옹이 헌사토 헌사할샤
날거든 뛰디 마나 섯거든 솟디 마나
부용(芙蓉)을 고잣는 듯 백옥(白玉)을 뭇것는 듯   [A]
동명(東溟)*을 박차는 듯 북극(北極)을 괴왓는 듯
놉흘시고 망고대 외로올샤 혈망봉이
하늘의 추미러 므스 일을 사로려
천만겁(千萬劫) 디나도록 구필 줄 모르느냐
어와 너여이고 너 가트니 또 잇는가
개심대 고려 올나 중향성 바라보며
만이천봉을 녁녁(歷歷)히 혀여 하니
봉마다 맺쳐 잇고 긋마다 서린 긔운
맑거든 조티 마나 조커든 맑디 마나
뎌 긔운 흐터 내야 인걸을 만들고쟈
형용도 그지업고 톄세(體勢)도 하도 할샤
천지 삼기실 제 자연이 되연마는
이제 와 보게 되니 유정(有情)도 유정할샤

(중략)

그 알픠 너러바회 화룡소 되어셰라
천년 노룡(老龍)이 구비구비 서려 이셔
주야의 흘녀 내여 창해(滄海)예 니어시니
풍운을 언제 어더 삼일우(三日雨)를 디련느냐
음애예 이온 플*을 다 살와 내여스라
마하연 묘길상 안문재 너머 디여
외나모 써근 다리 불정대 올라 하니
천심(千尋) 절벽을 반공애 셰여 두고
은하수 한 구비를 촌촌이 버혀 내여
실가티 플텨 이셔 베가티 거러시니
도경(圖經) 열두 구비 내 보매는 여러히라
이적선 이제 이셔 고텨 의논하게 되면
여산*이 여긔도곤 낫단 말 못 하려니
— 정철, 「관동별곡」 —

*호의현상 : 흰 저고리에 검은 치마란 뜻으로 학을 가리킴.
*서호 녯 주인 : 송나라 때 서호에서 학을 자식으로 여기며 살았던

은사(隱士) 임포.
*동명 : 동해 바다.
*음애예 이온 플 : 그늘진 벼랑에 시든 풀.
*여산 : 당나라 시인 이백(이적선)의 시구에 나오는 중국의 명산.

01 윗글에 대한 설명으로 가장 적절한 것은?

① '금강대'에서 '진헐대'로 이동하면서 자연에 대한 화자의 이중적 태도를 보여 주고 있다.

② '진헐대'와 '불정대'에서는 이미지의 대립을 통해 화자의 내적 갈등이 고조되고 있다.

③ '개심대'에서는 선경후정의 방식으로 화자가 바라본 풍경과 그에 대한 감흥이 서술되고 있다.

④ '화룡소'에서는 화자의 시선이 원경에서 근경으로 이동하며 대상의 특징을 묘사하고 있다.

⑤ '화룡소'에서 '불정대'까지의 이동 경로를 드러내지 않아 시상이 빠르게 전개되고 있다.

02 [A]를 이해한 내용으로 적절하지 않은 것은?

① 봉우리를 '부용'을 꽂고 '백옥'을 묶은 듯한 시각적 형상으로 묘사하여 대상의 아름다움을 표현하였다.

② 봉우리를 '백옥', '동명'과 같은 무생물에 빗대어 대상에서 느낄 수 있는 자연의 영속성을 표현하였다.

③ 봉우리를 '동명'을 박차고 '북극'을 받치는 듯한 모습에 빗대어 대상의 웅장한 느낌을 표현하였다.

④ '날거든 뛰디 마나 섯거든 솟디 마나'와 같이 행위를 부각하는 대구를 통해 봉우리의 역동적인 느낌을 표현하였다.

⑤ '고잣는 듯', '박차는 듯'과 같이 상태나 동작을 보여 주는 유사한 통사 구조의 나열을 통해 봉우리의 다채로운 면모를 표현하였다.

03 〈보기〉를 바탕으로 윗글을 감상한 내용으로 적절하지 않은 것은? [3점]

●보 기●

조선의 사대부들은 자연에 하늘의 이치[天理]가 구현된 것으로 보았으며, 그들 중 대부분은 자연의 미를 관념적으로 형상화하였다. 한편 관동별곡 의 작가는 자연의 미를 현실에서 발견하여 사실감 있게 묘사함으로써 그들과의 차별성을 드러내었다. 또한 그는 자연을 바라보며 사회적 책무를 떠올리고 자연에 투사된 이상적 인간상을 모색하기도 하였다.

① '혈망봉'을 '천만겁'이 지나도록 굽히지 않는 존재로 본 것은, 작가가 지향하는 이상적 인간상을 자연에 투사한 것이군.

② '개심대'에서 '뎌 긔운 흐터 내야 인걸을 만들'겠다는 의지를 드러낸 것은, 작가가 자연을 바라보며 자신의 사회적 책무를 인식하고 있음을 보여 주는군.

③ '중향성'을 바라보며 천지가 '자연이 되'었다고 본 것은, 자연의 미가 하늘의 이치가 구현된 인간 사회의 영향을 받는다고 생각하는 작가의 인식을 보여 주는군.

④ '불정대'에서 본 폭포의 아름다움을 '실'이나 '베'와 같은 구체적 사물을 활용하여 표현한 것은, 자연을 사실감 있게 나타내려는 작가의 태도를 반영한 것이군.

⑤ '불정대'에서 본 풍경을 중국의 '여산'과 비교하며 우리 자연의 아름다움을 강조한 것은, 관념이 아닌 현실에서 아름다움을 발견하는 작가의 차별성을 보여 주는군.

[관동별곡 – 정철]

1) 금강대 맨 우층의 선학(仙鶴)이 삿기 치니
   춘풍 옥적성(玉笛聲)의 첫잠을 깨둣던디
   호의현상이 반공(半空)의 소소 뜨니
   서호 녯 주인을 반겨셔 넘노는 듯
2) 소향로 대향로 눈 아래 구버보고
   정양사 진헐대 고텨 올나 안즌마리
   여산 진면목이 여긔야 다 뵈는구나
3) 어와 조화옹이 헌사토 헌사할샤
   날거든 뛰디 마나 섯거든 솟디 마나
   부용(芙蓉)을 고잣는 듯 백옥(白玉)을 믓것는 듯
   동명(東溟)을 박차는 듯 북극(北極)을 괴왓는 듯
4) 놉흘시고 망고대 외로올샤 혈망봉이
   하늘의 추미러 므스 일을 사로려
   천만겁(千萬劫) 디나도록 구필 줄 모르느냐
   어와 너여이고 너 가트니 또 잇는가
5) 개심대 고텨 올나 중향성 바라보며
   만이천봉을 녁녁(歷歷)히 혀여 하니
   봉마다 맷쳐 잇고 긋마다 서린 긔운
   맑거든 조티 마나 조커든 맑디 마나
6) 뎌 긔운 흐터 내야 인걸을 만들고쟈
7) 형용도 그지업고 톄세(體勢)도 하도 할샤
   천지 삼기실 제 자연이 되연마는
   이제 와 보게 되니 유정(有情)도 유정할샤
                    (중략)
8) 그 알픠 너러바회 화룡소 되어셰라
   천년 노룡(老龍)이 구비구비 서려 이셔
   주야의 흘녀 내여 창해(滄海)예 니어시니
9) 풍운을 언제 어더 삼일우(三日雨)를 디련느냐
   음애예 이온 플을 다 살와 내여스라
10) 마하연 묘길상 안문재 너머 디여
    외나모 써근 다리 불정대 올라 하니
    천심(千尋) 절벽을 반공애 셰여 두고
    은하수 한 구비를 촌촌이 버혀 내여
    실가티 플텨 이셔 베가티 거러시니
    도경(圖經) 열두 구비 내 보매는 여러히라
11) 이적선 이제 이셔 고텨 의논하게 되면
    여산이 여긔도곤 낫단 말 못 하려니

☆ 행동 영역

- 서술자가 표면에 드러나 있는지 체크
- 시적 상황 파악 (객관적 상황) [시간/공간적 배경 확인] = (+) 긍정적 상황인지 or (−)부정적 상황인지 확인
- 주관적 인식 파악 (정서/태도/반응) = (+) 긍정적 태도인지 or (−) 부정적 태도인지 확인
- 제일 중요!! = 결국, 화자의 정서가 변화(− → + or + → −) 하는지 심화(− → −− or + → ++) 하는지 파악하기

★ 사고 영역

[핵심 point – 관동별곡]
[1] 시적 상황

1580년 정철은 강원도 관찰사로 부임하게 되면서, 관동 팔경을 따라 여행하고 있다. 위 지문에서, 화자는 금강산을 유람하면서 바라본 경치를 세세하게 묘사하고, 이를 예찬하고 있다. 지문에 드러난 화자의 이동 경로는 금강대 – 진헐대 – 개심대 – 화룡소 – 불정대이다.

[2] 정서/태도 : 예찬적 태도 (+ → ++)

화자는 금강산에서 유람하고 있으며, 자신을 '서호 녯 주인'으로 지칭하며 학과 노니는 데서 화자가 자연에 동화되어 즐기고 있음을 알 수 있다. 또한, 화자는 자신이 바라보고 있는 경치의 아름다움과 역동성을 세세하게 묘사하는 동시에, '여산보다 낫다'며 예찬하는 태도를 시 전체에서 유지하고 있다. 지의 중간중간 경치 감상과는 다른 내용이 적한 것을 볼 수 있는데, '뎌 긔운 ~ 인걸을 만들고쟈', '음애예 이온 ~ 살와 내여스라'에서 관찰사로 부임하는 작가 정철의 선정에 대한 포부를 엿볼 수 있다.

01
정답해설

③ 화자는 '개심대'에 올라 중향성과 만이천봉을 바라보는 모습을 묘사한 후, 이후 '인걸을 만들고자' 하는 마음, '봉우리의 정다움' 등 감흥을 서술하고 있다.

오답해설

① 화자는 자연을 예찬하는 태도를 보이며, 이 태도는 '금강대'에서 '진헐대'로 이동할 때 그대로 유지된다. '금강대'에서 화자는 자신을 '서호 넷 주인'으로 지칭하며 자연에 동화된 모습을, '진헐대'에서 화자는 금강산의 경치에 감탄하는 모습을 보인다.

② 화자는 지문 전체에서 자연과 동화되어 즐거운 시간을 보내고 있으며, '진헐대'와 '불정대'에서 내적 갈등이 보이지는 않는다. '진헐대'에서 화자는 금강산의 경치에 감탄하고 있으며, '불정대'에서 화자는 십이폭포의 장관을 바라보며 감탄하고 있다.

④ '화룡소'에서 화자의 시선이 원경에서 근경으로 이동하고 있다고 보기는 어렵다. 화자는 화룡소의 폭포의 모습을 '천년 노룡'에 비교하여 묘사하고 있으며, 이후 이 폭포의 흐름이 '창해(바다)'와 연결되어 있다고 언급하고 있다.

⑤ 화룡소에서 불정대로 이동할 때, 화자는 '마하연 묘길상 안문재'를 거치고 있다.

문항 번호	정서/태도 오류 반대 서술, 문맥흐름X	상황(배경) 오류 시간적, 공간적배경 오류	주체 왜곡 주체/대상 오류	갈등 오류 내용X, 문맥흐름X	논리 오류 보기 오류	개념어 오류 O, X
①	V					
②				V		
③						
④			V			V
⑤			V			

02
정답해설

② 무생물인 '백옥'과 '동명'을 통해 금강산의 경치를 표현하고 있기는 하지만, 이를 통해 자연의 영속성을 표현하고 있는 것은 아니다. '영속성'이란, '영원히 계속되는 성질이나 능력'이라는 뜻을 가진다.

오답해설

① 금강산의 봉우리를 '연꽃'과 '백옥'에 빗댐으로써 그 아름다움을 표현하고 있다.

③ '동명(동해 바다)'을 박차고, '북극'을 받치는 듯한 모습을 통해, 금강산 봉우리의 웅장함을 표현하고 있다.

④ '날거든 뛰디 마나 섯거든 솟디 마나'에서 대구법을 사용하였다. 또한 날고, 뛰고, 서 있고, 솟는 동작의 표현을 사용해서 금강산 봉우리의 역동적인 모습을 표현하고 있다.

⑤ '고잣는 듯'과 '박차는 듯'은 유사한 통사 구조를 보이며, 이를 통해 봉우리의 아름다움(부용)과 역동성을 표현하고 있다.

문항 번호	정서/태도 오류 반대 서술, 문맥흐름X	상황(배경) 오류 시간적, 공간적배경 오류	주체 왜곡 주체/대상 오류	갈등 오류 내용X, 문맥흐름X	논리 오류 보기 오류	개념어 오류 O, X
①						
②			V			
③						
④						
⑤						

03
정답해설

③ 중향성을 바라보며, 화자는 천지가 생길 때에 금강산의 봉우리가 저절로 생겨난 것이라고 언급하고 있다. 따라서, 자연의 미와 인간 사회의 관련성은 드러나지 않는다.

오답해설

① '천만겁'이 지나도록 굽히지 않는 것은, 유교의 이상적 인간상 중 절개와 지조를 가진 존재에 해당한다. 따라서, 선지의 서술은 적절하다.

② '인걸을 만들'겠다는 것은, 백성들에게 선정을 베풀기 위한 자신의 포부가 드러나는 부분이다. 따라서, 이는 정치인으로서 자신의 사회적 책무를 인식하고 있는 것이라고 볼 수 있다.

④ 〈보기〉에서, 화자는 자연의 미를 사실감 있게 묘사하였다는 부분을 찾을 수 있다. 폭포의 아름다움을 구체적 사물에 빗대어 표현한 것은, 이러한 화자의 묘사에 도움을 준다.

⑤ '불정대'의 풍경이 '여산'보다 낫다는 화자의 서술을 통해, 우리 자연의 아름다움을 강조하고 있으며, 이는 시구에 등장하는 관념적인 산보다 현실에서 발견한 산의 아름다움을 발견하고 있는 작가의 차별성을 보여 준다.

문항 번호	정서/태도 오류 반대 서술, 문맥흐름X	상황(배경) 오류 시간적, 공간적배경 오류	주체 왜곡 주체/대상 오류	갈등 오류 내용X, 문맥흐름X	논리 오류 보기 오류	개념어 오류 O, X
①						
②						
③			V			
④						
⑤						

[1-5] 다음 글을 읽고 물음에 답하시오.

(가)

[앞부분 줄거리] 전우치는 구미호로부터 천서를 빼앗아 술법을 배웠으나 구미호가 전우치를 속여 천서의 일부를 가져간다.

우치 대노 왈,

"흉악한 요물이 나를 업수이 여겨 이같이 속이니 내 이제 여우 굴에 가 책을 찾고 요괴를 소멸하리라."

하고 방망이와 송곳을 가지고 여우 굴로 가니, 산천이 깊고 길이 아득하여 찾을 수 없어 도로 돌아와 생각하되, '이 요괴 변화가 예측하기 어려우니 가히 이곳에 오래 머물지 못하리라.' 하고 서책을 수습하여 돌아오니, 대저 천서 상권은 부적을 붙인 까닭에 빼앗아 가지 못함이러라.

우치 집에 돌아와 천서를 보아 못 할 술법이 없으매, 과거에 뜻이 없어 스스로 생각하되, '내 벼슬하여 모친을 봉양하려 하면 자연히 더디리라.' 하고 이에 한 계교를 생각 하여 몸을 흔들어 변하여 선관이 되어 오색구름을 타고 하늘에 올라 바로 궐내로 들어가 대명전에 자리하니 서기가 공중에 어리었으니 궁중이 황홀했다. 이에 조정의 신하들이 당황하여 갈팡질팡하고 임금께 아뢰기를,

"고금에 드문 괴변이라."

하니, 왕이 대경하사 여러 신하를 모아 의논하시더니, 우치가 운무 중에 서고 청의동자가 외쳐 왈,

"고려국 왕은 옥황상제 전교를 들으라."

하거늘, 왕이 명하사 바닥에 깔 자리와 향로를 올려
[A] 놓은 상을 갖춰 놓게 하고 나아가 보니 한 선관이 금관 홍포로 동자를 좌우에 세우고 오색구름 중에 싸여 단정히 섰거늘, 왕이 네 번 절한 후 땅에 엎드리시니, 우치 왈,

"하늘의 궁궐이 오래되어 낡고 헐었기에 이제 수리하고자 하여 인간 여러 나라에 뜻을 전하여 모든 물건을 다 쳤으나 다만 황금 들보 하나가 없는지라. 옥황상제께서 그대 나라에 황금이 유족함을 아시고 이제 뜻을 전하사칠 월 칠 일 오시에 상량하리니, 그날 미쳐 대령하되 길이십 척 오 촌이요, 너비 삼 척 이 촌, 만일 그날 미치지 못하면 큰 변을 내리우시리라."

하고 말을 마치자 선악 소리 은은하며 오색구름이 남녘으로 향하여 가더라.

(중략)

우치 무안하여 달아나고자 하더니 화담이 알고 변신하여 삶이 되어 달려드니, 우치가 보라매 되어 날려 한즉, 화담이 또한 청사자가 되어 우치를 물어 쓰러뜨리고 크게 꾸짖어 왈,

"너 같은 요술이 임금을 속이고 세상을 희롱하니 어찌 죽이지 아니하리오?"

우치 애걸 왈,

"선생의 도술이 높으심을 모르고 존엄을 범하였으니 죄당만사(罪當萬死)이나, 소생에게 노모가 있사오니 원컨대 선생은 잔명을 빌리소서."

화담 왈,

"내 이번은 살리거니와 다시 그런 버릇없는 일을 행치 말고 그대 모친을 봉양하다가 그대 모친이 돌아가신 후에 나와 영주산에 들어가 선도(仙道)를 닦음이 어떠하뇨?"

우치 왈,

"선생의 교훈대로 봉행하리이다."

하고 인하여 하직한 후에 집에 돌아와 요술을 행치 아니하고 모친을 봉양하더니, 세월이 여류하여 우치 모부인이 졸하니 우치 예를 갖추어 선산에 안장하고 삼 년을 받들더니, 하루는 화담이 왔거늘, 우치가 황망히 나와 맞아 인사를 마치고 자리에 앉은 후에 화담 왈,

"그대와 약속한 일이 있으매 그대 상중에 있는 것을 알고 왔거늘, 제 그 산에 있는 구미호를 잡아 돌상자에 가두고 그 굴에 불 지름이 어떠하뇨?"

우치 왈,

"이제 선생이 그 여우를 없이하시면 진실로 온 나라의 아주 다행스러운 일이 아닐까 하나이다."

화담 왈,

"내 이제 그대를 데려가려 하나니, 행장을 꾸리거라."

하거늘, 우치 크게 기뻐하며 재산을 흩어 노복을 주며 왈,

"나는 이제 영원히 이별하려 하니, 너희들은 탈 없이 있어 나의 조상의 제사를 받들라."

하고 조상의 무덤에 하직한 후에 화담을 모시고 구름을 타고 영주산으로 향하니, 그 뒷일은 알지 못하나라.

– 작자 미상, 「전우치전」 –

(나)

S#1. 궁궐. 낮.

궁궐을 향해 날아 내려가는 오색구름. ㉠ 선녀와 천군 호위 속에 전우치가 지상을 내려 본다.

왕 : 옥황상제의 아드님께서 오신다. 예를 갖춰라.

왕이 손짓하자, 궁중 악사들이 정악을 연주한다. 지상으로 내려온 구름. 전우치가 입을 연다. 쩌렁쩌렁한 목소리에 왕이 고개를 더 낮춘다.

전우치 : 지상의 왕은 내가 시킨 대로 황금 1만 냥을 함경도 기근 지역에 보냈느냐?

왕 : 그제 제 꿈에 나타나 하명하신 대로 한 치 틀림없이 그리 했습니다.

전우치 : 하늘에서 그대의 덕을 높이 사 그대가 하늘로 돌아올 때 7배 70배 700배로 갚아 줄 것이다.

왕 : 황공하옵니다. 왕가의 보물을 보자시길래 그것 역시 준비 했습니다.

전우치 : 지상의 왕이 보기보다 아주 똘똘하구나. 근데… 에이 가락이 맘에 안 드는구나.

전우치가 손짓하자, 궁중 악사들이 무엇에 홀린 듯 다른 음악을 연주한다. 맘에 안 드는지, 전우치가 손가락을 튕기자, 악사들은 음악을 바꾼다. 그제서야 맘에 든 전우치. 머리를 흔들어 박자를 느끼며, 보물이 늘어선 곳으로 걷는다. 보물을 발로 툭 쳐 보고, 도자기는 관심 없이 깨고, 보고, 던지고, 보고, 깨는데,

(중략)

거울을 연신 깨던 전우치. ⓒ 한 거울에 눈이 멈춘다. 작고 투박하다. 앞면은 청동이라 탁하고 뒷면은 자개로 덮여 있다. 전우치가 슬쩍 주머니에 넣는다.

전우치 : 왕은 고개를 들라.

왕 : 예?

전우치 : 내 본시 그림 그리기를 즐겨 해 나무를 그리면 나무가 점점 자라고 짐승을 그리면 그림에서 튀어나오니 내 재주가 아까워 그런데…

전우치가 품에서 두루마리를 꺼내 펼친다. 산수화. 궁녀 2 손에 들게 한다.

전우치 : 어떤가?

왕 : 지상의 풍경이 아닌 듯 살아 움직이는 것 같습니다. 소인이 과문하여 묻는데 주인 없는 빈 말은 무엇을 상징하는 것입니까?

전우치 : 이 도사 전우치가 타고 갈 말이니라.

왕 : … 전우치? 망나니 전우치?

전우치가 대동하고 왔던 천군들을 보면, ⓒ 그저 허수아비에 불과하다.

전우치 : 나를 아는가? 유명하면 아무리 이름을 숨긴다고 숨겨지는 것도 아니고 거 참.

왕 : 감히 **도사 놈**이 주상을 능멸해. 여봐라 이놈을 잡아라.

궁중 무관들이 들이닥치는데, 전우치는 태평하게 한 잔

더 걸치 고는, 손가락을 튕겨 음악을 바꾼다. 음악은 점점 흥겨워진다.

진땀나는 궁중 악사들.

전우치 : 도사 놈이라? 에… 도사는 무엇이냐? ⓔ 도사는 바람을 다스리고 (바람이 분다) 마른 하늘에 비를 내리고 (순식간에 장대비가 내린다) 땅을 접어 달리고 (술상을 향해 축지법으로 갔다가 돌아온다) 날카로운 검을 바람보다도 빨리 휘두르고 (검이 쉭 – 하는 소리와 함께 허공을 가르고) 그 검을 꽃처럼 다룰 줄 아니 (검이 왕 얼굴 앞에서 꽃으로 변한다) 가련한 사람들을 돕는 게 바로 도사의 일이다. 무릇 **생선은 대가리 부터 썩는 법**! 왕과 대신들이 기근에 시달리는 백성을 보살 피지 않아 이 도사 전우치가 친히 백성들 심부름을 하고자 왔으니 공치사 받을 일도 아니고.

전우치를 에워싸는 궁중 무관들. 섣불리 접근하지 못하는데, 전우치 천천히 붉은 붓을 들어 술병 모가지 테두리를 둘러 원을 그린다. 서로를 바라보다 자신의 목을 보는 무관들. 모두의 목에 붉은 테두리가 그려져 있다.

전우치 : 내가 이 병 목을 치면 너희들은 어떻게 될 거 같으냐?

무관들, 술렁거리며 주춤한다.

왕 : 저놈을 잡는 자에게 황금 2천 냥을 주겠다.

전우치 : 하하하… 돈을 막 쓰는구나. 하하하…

전우치가 그림 속으로 들어가 말을 타고 사라진다. ⓜ 웃음 소리는 오래도록 왕을 언짢게 한다.

– 최동훈, 「전우치」 –

---

01 (가)의 화담에 대한 이해로 가장 적절한 것은?

① 전우치가 요술로 세상을 어지럽히지 않도록 이끈다.

② 전우치의 요청에 따라 선도를 닦기 위해 함께 간다.

③ 전우치의 공격을 받으나 도술로 전우치를 제압한다.

④ 전우치와 함께 구미호를 퇴치하여 나라를 안정시킨다.

⑤ 전우치와의 약속을 지키지 않고 영주산에 갈 것을 재촉한다.

02 <보기>는 선생님의 안내에 따라 학생들이 (가)를 이해한 내용이다. ⓐ～ⓔ 중 적절하지 <u>않은</u> 것은? [3점]

─────────● 보 기 ●─────────

선생님 : 일반적으로 영웅 소설에서 주인공은 고난을 겪지만 조력자를 만나 병서나 무기 등을 얻어 탁월한 능력을 갖게 됩니다. 이후 주인공이 위기에 처한 나라를 구하는 공을 세워 이름을 떨치며 부귀영화를 누리는 것으로 마무리됩니다. 이때 주인공은 유교적 이념을 존중하는 인물입니다. 이와 같은 전형적인 영웅 소설과 「전우치전」이 어떻게 유사하고 다른지 이야기해 봅시다.

학생 1 : 전우치가 천서를 익혀 뛰어난 능력을 얻게 된 것은 병서를 익혀 탁월한 능력을 갖게 된 일반적인 영웅 소설과 비슷해요. ·················· ⓐ

학생 2 : 전우치가 충을 다함으로써 효를 실천하는 것은 충효라는 유교적 이념을 중시하는 일반적인 영웅 소설과 비슷해요. ·················· ⓑ

학생 3 : 전우치가 입신양명의 길을 선택하지 않은 것은 나라에 공을 세워 이름을 널리 떨치는 일반적인 영웅 소설과는 달라요. ·················· ⓒ

학생 4 : 전우치가 옥황상제의 권위를 이용하여 나라의 재산을 취하려 한 것은 위기에 처한 나라를 구하는 일반적인 영웅 소설과는 달라요. ·········· ⓓ

학생 5 : 전우치가 재산을 흩어 노복에게 주고 떠나는 것으로 마무리되는 것은 부귀영화를 누리게 되는 일반적인 영웅 소설과는 달라요. ·········· ⓔ

① ⓐ   ② ⓑ   ③ ⓒ   ④ ⓓ   ⑤ ⓔ

03 (가)를 토대로 (나)가 창작되었다고 할 때, [A]와 (나)에 대한 비교로 적절하지 <u>않은</u> 것은?

① 전우치가 왕에게 말하는 태도는 [A]에서는 근엄하였으나, (나)에서는 거드름을 피우는 것으로 변화하였다.

② 전우치가 왕에게 황금을 요구한 까닭은 [A]에서는 모친 봉양을 위한 것이었으나, (나)에서는 백성을 보살피는 것으로 바뀌었다.

③ 전우치가 자신의 요구 실현에 대해 취한 조치는 [A]에서는 실행하지 않을 경우 변을 당하리라 위협하는 것으로, (나)에서는 실행한 것에 대해 보상을 약속하는 것으로 표현되었다.

④ 전우치가 왕과의 만남을 끝내는 모습이 [A]에서는 구름을 타고 남쪽으로 가는 것으로, (나)에서는 돌아올 것을 예고하며 말을 타고 산수화 속으로 들어가는 것으로 나타났다.

⑤ 전우치가 왕에게 자신의 요구를 전하는 장면은 [A]에서는 왕에게 요구하는 모습이 자세히 서술되었으나, (나)에서는 꿈에 나타나 하명하였다는 왕의 대사로 간략히 처리되었다.

04 (나)에 나타난 갈등 양상에 대한 이해로 적절하지 <u>않은</u> 것은?

① 전우치가 자신의 정체를 드러낸 것을 계기로 왕과의 갈등이 표출되어 상황이 새로운 국면으로 전환된다.

② 전우치가 '생선은 대가리부터 썩는 법'이라고 말함으로써 왕과의 갈등이 부패한 지배층에 대한 비판으로 확장된다.

③ 왕이 전우치에게 속아 그를 최고의 예우로 대하는 것은 장차 전우치의 정체가 밝혀질 때 갈등이 증폭되는 요인이 된다.

④ 왕이 전우치를 '옥황상제의 아드님'에서 '도사 놈'으로 바꿔 부르는 것에서 전우치를 향한 왕의 적대적인 인식이 드러난다.

⑤ 왕과 전우치의 주문에 따라 연주되는 음악이 계속 바뀜으로써 왕과 전우치 간의 대결이 우열을 가리기 힘든 상황임이 드러난다.

05 (나)를 영화로 제작한다고 할 때, ㉠~㉤에 대한 연출 계획으로 적절하지 않은 것은?

① ㉠ : 전우치의 권위와 위엄이 느껴지게 하려면, 지상을 내려다 보는 전우치를 올려다보며 촬영해야겠군.

② ㉡ : 전우치가 거울에 관심을 갖고 있음을 강조하려면, 전우치의 얼굴이나 눈동자를 화면에 가득 담아야겠군.

③ ㉢ : 천군들의 정체로 인한 왕의 당혹감을 표현하려면, 천군이 있던 자리에 놓인 허수아비를 왕의 시점으로 보여 주어야겠군.

④ ㉣ : 전우치가 도사로서 가진 출중한 능력을 입체적으로 전달하려면, 여러 공간에서 동시에 일어나는 각각의 장면을 번갈아 보여 주어야겠군.

⑤ ㉤ : 왕이 전우치로 인해 불쾌감을 지속적으로 느끼고 있음을 감각적으로 표현하려면, 언짢아하는 왕의 표정을 보여 주며 전우치가 남긴 웃음소리를 효과음으로 길게 끌어야겠군.

[전우치전]

1) [앞부분 줄거리] 전우치는 구미호로부터 천서를 빼앗아 술법을 배웠으나 구미호가 전우치를 속여 천서의 일부를 가져간다.

2) 우치 대노 왈,

"흉악한 요물이 나를 업수이 여겨 이같이 속이니 내 이제 여우 굴에 가 책을 찾고 요괴를 소멸하리라."

하고 방망이와 송곳을 가지고 여우 굴로 가니, 산천이 깊고 길이 아득하여 찾을 수 없어 도로 돌아와 생각하되, '이 요괴 변화가 예측하기 어려우니 가히 이곳에 오래 머물지 못하리라.' 하고 서책을 수습하여 돌아오니, 대저 천서 상권은 부적을 붙인 까닭에 빼앗아 가지 못함이러라.

3) 우치 집에 돌아와 천서를 보아 못 할 술법이 없으매, 과거에 뜻이 없어 스스로 생각하되, '내 벼슬하여 모친을 봉양하려 하면 자연히 더디리라.' 하고 이에 한 계교를 생각하여 몸을 흔들어 변하여 선관이 되어 오색구름을 타고 하늘에 올라 바로 궐내로 들어가 대명전에 자리하니 서기가 공중에 어리었으니 궁중이 황홀했다. 이에 조정의 신하들이 당황하여 갈팡질팡하고 임금께 아뢰기를,

"고금에 드문 괴변이라."

하니, 왕이 대경하사 여러 신하를 모아 의논하시더니, 우치가 운무 중에 서고 청의동자가 외쳐 왈,

"고려국 왕은 옥황상제 전교를 들으라."

하거늘, 왕이 명하사 바닥에 깔 자리와 향로를 올려 놓은 상을 갖춰 놓게 하고 나아가 보니 한 선관이 금관 홍포로 동자를 좌우에 세우고 오색구름 중에 싸여 단정히 섰거늘, 왕이 네 번 절한 후 땅에 엎드리시니, 우치 왈,

"하늘의 궁궐이 오래되어 낡고 헐었기에 이제 수리하고자 하여 인간 여러 나라에 뜻을 전하여 모든 물건을 다 쳤으나 다만 황금 들보 하나가 없는지라. 옥황상제께서 그대 나라에 황금이 유족함을 아시고 이제 뜻을 전하사 칠 월 칠 일 오시에 상량하리니, 그날 미처 대령하되 길이십 척 오 촌이요, 너비 삼 척 이 촌, 만일 그날 미치지 못하면 큰 변을 내리우시리라."

하고 말을 마치자 선악 소리 은은하며 오색구름이 남녘으로 향하여 가더라.

(중략)

4) 우치 무안하여 달아나고자 하더니 화담이 알고 변신하여 삵이 되어 달려드니, 우치가 보라매 되어 날려 한 즉, 화담이 또한 청사자가 되어 우치를 물어 쓰러뜨리고 크게 꾸짖어 왈,

"너 같은 요술이 임금을 속이고 세상을 희롱하니 어찌 죽이지 아니하리오?"

우치 애걸 왈,

"선생의 도술이 높으심을 모르고 존엄을 범하였으니 죄당만사(罪當萬死)이오나, 소생에게 노모가 있사오니 원컨대 선생은 잔명을 빌리소서."

화담 왈,

"내 이번은 살리거니와 다시 그런 버릇없는 일을 행치 말고 그대 모친을 봉양하다가 그대 모친이 돌아가신 후에 나와 영주산에 들어가 선도(仙道)를 닦음이 어떠하뇨?"

5) 우치 왈,

"선생의 교훈대로 봉행하리이다."

하고 인하여 하직한 후에 집에 돌아와 요술을 행치 아니하고 모친을 봉양하더니, 세월이 여류하여 우치 모부인이 졸하니 우치 예를 갖추어 선산에 안장하고 삼 년을 받들더니, 하루는 화담이 왔거늘, 우치가 황망히 나와 맞아 인사를 마치고 자리에 앉은 후에 화담 왈,

"그대와 약속한 일이 있으매 그대 상중에 있는 것을 알고 왔거늘, 제 그 산에 있는 구미호를 잡아 돌상자에 가두고 그 굴에 불 지름이 어떠하뇨?"

우치 왈,

"이제 선생이 그 여우를 없이하시면 진실로 온 나라의 아주 다행스러운 일이 아닐까 하나이다."

화담 왈,

"내 이제 그대를 데려가려 하나니, 행장을 꾸리거라."

하거늘, 우치 크게 기뻐하며 재산을 흩어 노복을 주며 왈,

"나는 이제 영원히 이별하려 하니, 너희들은 탈 없이 있어 나의 조상의 제사를 받들라."

하고 조상의 무덤에 하직한 후에 화담을 모시고 구

름을 타고 영주산으로 향하니, 그 뒷일은 알지 못하니라.

☆ 행동 영역

〈고전소설〉

◦ 서술자(시점) 파악
= 중요한 것은 단순한 시점이 아닌, 서술자의 위치, 시각, 태도!
◦ 소설은 '갈등'이 가장 중요
= 모든 것은 '갈등'을 위한 Base임을 잊지 말자! (인물이 인식하는 부정적 상황 파악)
◦ '갈등' 파악(사건단위끊기)
= 인물 교체 지점, 배경 전환 지점 체크
◦ '갈등 양상' 파악
= 갈등 고조 or 갈등 해소 체크
◦ 인물의 '심리'를 기준으로 '대화/행동/반응/태도'의 기준 잡기
= 맥락으로 파악!
◦ 인물들이 나오면 '갈등' 관계인지 '동맹'관계인지 파악

★ 사고 영역

[핵심 point] 전우치전

[1] 갈등 파악 : 위 대목에는 여우와 전우치 사이의 갈등이 존재한다. 여우가 전우치가 빼앗아 갔던 천서를 가져가 전우치는 화가 난 채로 그를 쫓아 여우 굴에 가게 되고, 책을 도로 되찾아 오게 된다.

[2] 인물의 심리/대화/반응/정서/태도
: 전우치의 태도 변화 (분노→순응)

전우치는 중략 이전의 대목에서는 여우에 대해 분노를 표출하지만, 서책을 가져온 이후에는 드러나지 않는다. 중략 이후, 그는 화담에게서 달아나려 하지만 화담에게 잡히고 그에게 순응하고 그와 함께 도를 닦기로 한다.

[전우치]

S#1. 궁궐. 낮.

1) 궁궐을 향해 날아 내려가는 오색구름. 선녀와 천군 호위 속에 전우치가 지상을 내려 본다.

왕 : 옥황상제의 아드님께서 오신다. 예를 갖춰라.

왕이 손짓하자, 궁중 악사들이 정악을 연주한다. 지상으로 내려온 구름. 전우치가 입을 연다. 쩌렁쩌렁한 목소리에 왕이 고개를 더 낮춘다.

전우치 : 지상의 왕은 내가 시킨 대로 황금 1만 냥을 함경도 기근 지역에 보냈느냐?

왕 : 그제 제 꿈에 나타나 하명하신 대로 한 치 틀림없이 그리 했습니다.

전우치 : 하늘에서 그대의 덕을 높이 사 그대가 하늘로 돌아올 때 7배 70배 700배로 갚아 줄 것이다.

왕 : 황공하옵니다. 왕가의 보물을 보자시길래 그것 역시 준비했습니다.

전우치 : 지상의 왕이 보기보다 아주 똘똘하구나. 근데… 에이 가락이 맘에 안 드는구나.

전우치가 손짓하자, 궁중 악사들이 무엇에 홀린 듯 다른 음악을 연주한다. 맘에 안 드는지, 전우치가 손가락을 튕기자, 악사들은 음악을 바꾼다. 그제서야 맘에 든 전우치. 머리를 흔들어 박자를 느끼며, 보물이 늘어선 곳으로 걷는다. 보물을 발로 툭 쳐 보고, 도자기는 관심 없어 깨고, 보고, 던지고, 보고, 깨는데,

(중략)

2) 거울을 연신 깨던 전우치. 한 거울에 눈이 멈춘다. 작고 투박하다. 앞면은 청동이라 탁하고 뒷면은 자개로 덮여 있다. 전우치가 슬쩍 주머니에 넣는다.

전우치 : 왕은 고개를 들라.

왕 : 예?

전우치 : 내 본시 그림 그리기를 즐겨 해 나무를 그리면 나무가 점점 자라고 짐승을 그리면 그림에서 뛰어나오니 내 재주가 아까워 그런데…

전우치가 품에서 두루마리를 꺼내 펼친다. 산수화. 궁녀 2 손에 들게 한다.

전우치 : 어떤가?

왕 : 지상의 풍경이 아닌 듯 살아 움직이는 것 같습

니다. 소인이 과문하여 묻는데 주인 없는 빈 말은 무엇을 상징하는 것입니까?

　3) 전우치 : 이 도사 전우치가 타고 갈 말이니라.

　왕 : … 전우치? 망나니 전우치?

전우치가 대동하고 왔던 천군들을 보면, 그저 허수아비에 불과하다.

　전우치 : 나를 아는가? 유명하면 아무리 이름을 숨긴다고 숨겨지는 것도 아니고 거 참.

　왕 : 감히 도사 놈이 주상을 능멸해. 여봐라 이놈을 잡아라.

궁중 무관들이 들이닥치는데, 전우치는 태평하게 한 잔 더 걸치고는, 손가락을 튕겨 음악을 바꾼다. 음악은 점점 흥겨워진다.

진땀나는 궁중 악사들.

　전우치 : 도사 놈이라? 에… 도사는 무엇이냐? 도사는 바람을 다스리고 (바람이 분다) 마른 하늘에 비를 내리고 (순식간에 장대비가 내린다) 땅을 접어 달리고 (술상을 향해 축지법으로 갔다가 돌아온다) 날카로운 검을 바람보다도 빨리 휘두르고 (검이 쉭 - 하는 소리와 함께 허공을 가르고) 그 검을 꽃처럼 다룰 줄 아니 (검이 왕 얼굴 앞에서 꽃으로 변한다) 가련한 사람들을 돕는 게 바로 도사의 일이다. 무릇 생선은 대가리 부터 썩는 법! 왕과 대신들이 기근에 시달리는 백성을 보살 피지 않아 이 도사 전우치가 친히 백성들 심부름을 하고자 왔으니 공치사 받을 일도 아니고.

전우치를 에워싸는 궁중 무관들. 섣불리 접근하지 못하는데, 전우치 천천히 붉은 붓을 들어 술병 모가지 테두리를 둘러 원을 그린다. 서로를 바라보다 자신의 목을 보는 무관들. 모두의 목에 붉은 테두리가 그려져 있다.

　전우치 : 내가 이 병 목을 치면 너희들은 어떻게 될 거 같으냐?

무관들, 술렁거리며 주춤한다.

　왕 : 저놈을 잡는 자에게 황금 2천 냥을 주겠다.

　전우치 : 하하하… 돈을 막 쓰는구나. 하하하…

전우치가 그림 속으로 들어가 말을 타고 사라진다. 웃음 소리는 오래도록 왕을 언짢게 한다.

☆ 행동 영역

〈극〉

◦ 극 문학은 소설과 '서술자가 존재하지 않는 것'에서 차이가 난다. (나머지는 동일)

◦ 극/소설은 '갈등'이 가장 중요 = 모든 것은 '갈등'을 위한 Base임을 잊지 말자! (인물이 인식하는 부정적 상황 파악)

◦ '갈등' 파악(사건단위끊기) = 인물 교체 지점, 배경 전환 지점 체크

◦ '갈등 양상' 파악 = 갈등 고조 or 갈등 해소 체크

◦ 인물의 '심리'를 기준으로 '대화/행동/반응/태도'의 기준 잡기 = 맥락으로 파악!

◦ 인물들이 나오면 '갈등' 관계인지 '동맹' 관계인지 파악

★ 사고 영역

[핵심 point] 전우치

[1] 갈등 파악 : 위 대목에서는 왕과 전우치의 갈등이 드러난다. 처음에 왕은 전우치가 옥황상제의 아들이라 생각하고 극진히 대하지만, 중략 이후 전우치가 본인이 전우치임을 드러내고, 왕은 그를 붙잡으라는 명령을 내린다.

[2] 인물의 심리/대화/반응/정서/태도 :

왕의 태도 변화를 중심으로 살펴보자. 왕은 전우치에게 '예를 갖춰라', '황공하옵니다'등의 표현을 사용하며 그를 극진하게 대우하고 있다. 하지만 중략 이후 '이 도사 전우치가 타고 갈 말이니라'를 통해 전우치가 본인이 옥황상제의 아들이 아닌 전우치임을 드러내고 나서는 '이놈'이라고 전우치를 칭하며 그를 잡아들이라는 명령을 내린다.

01

정답해설

① 화담은 전우치가 요술로 세상을 어지럽히지 않도록 도를 닦도록 하기 위해서 영주산에 전우치를 데리고 들어간다.

오답해설

② 전우치의 요청에 따른 것이 아니다. 전우치를 쓰러뜨리고 그에게 권유한 것이다.

③ 전우치가 무안해하며 달아나려하자 그를 붙잡아 그에게 권유한 것이다.

④ 전우치와 함께 구미호를 퇴치하지 않았다. 전우치가 구미호를 잡으러 갔으나, 잡지 못하고 그냥 돌아왔다. 나라를 안정시키기 위해 전우치를 잡은 것은 옳은 서술이다.

⑤ 전우치와의 약속은 주어진 지문에 드러나지 않는다.

정답/오답의 기준

문항 번호	정서/태도 오류	상황(배경) 오류	주체 왜곡	갈등 오류	논리 오류	개념어 오류
	반대 서술, 문맥흐름X	시간적, 공간적배경 오류	주체/대상 오류	내용X, 문맥흐름X	보기 오류	O, X
①						
②		V				
③				V		
④		V				
⑤					V	

02

정답해설

② 전우치는 도사로, 왕을 농락하고 속이는 존재이다. 따라서 전우치가 충을 다한다고 볼 수 없다.

오답해설

① 전우치가 여우의 천서를 통해 능력을 얻는 내용을 확인할 수 있다. 또한 다른 영웅 소설도, 병서를 익혀 뛰어난 무술 능력을 얻게 되는 경우가 많다. 따라서 주어진 선지는 옳다.

③ 여러 영웅 소설에서 나라를 구하는 경우가 많다. (박씨부인전, 유충렬전) 전우치전에서는 전우치가 입신양명을 택하지 않았으므로 다른 영웅 소설과의 차이점이라 볼 수 있다.

④ 전우치가 옥황상제의 권위를 이용하는 것을 지문에서 확인할 수 있다. 옥황상제의 권위를 통해 황금 들보를 취하려하는데 이러한 부분에서 위기에 처하는 나라를 구하는 다른 영웅 소설과의 차이점을 찾을 수 있다.

⑤ 일반적인 영웅 소설은 돈을 벌고 부귀영화를 누리고 평화롭게 살며 종결된다. (홍길동전, 유충렬전)

정답/오답의 기준

문항 번호	정서/태도 오류	상황(배경) 오류	주체 왜곡	갈등 오류	논리 오류	개념어 오류
	반대 서술, 문맥흐름X	시간적, 공간적배경 오류	주체/대상 오류	내용X, 문맥흐름X	보기 오류	O, X
①						
②			V		V	
③						
④						
⑤						

03

정답해설

④ 전우치가 왕과의 만남을 끝내는 모습이 [A]에서는 '오색구름이 남녘으로 향하여 가더라.'라고 묘사되어 있지만, (나)에서 돌아올 것을 예고하지는 않는다. 산수화 속으로 들어가는 모습은 드러난다.

오답해설

① 전우치는 왕에게 말할 때, [A]에서는 하늘의 인물임을 칭하며 근엄하게 말하고 있지만, (나)에서는 거드름을 피우며 왕을 농락하는 것으로 변화하였다.

② 전우치가 왕에게 황금을 요구한 까닭은 [A]에서는 모친 봉양을 위한 것임을 확인할 수 있다. (나)에서는 '왕과 대신들이 기근에 시달리는 백성을 보살피지 않아 이 도사 전우치가 친히 백성들 심부름을 하고자 왔으니 공치사 받을 일도 아니고.'에서 백성을 보살피기 위한 것임을 확인할 수 있다.

③ 전우치가 자신의 요구 실현에 대해 [A]에서는 '만일 그날 미치지 못하면 큰 변을 내리우시리라.'라며 위협을 가하고 있지만, (나)에서는 실행한 것에 대해 '하늘에서 그대의 덕을 높이 사 그대가 하늘로 돌아올 때 7배 70배 700배로 갚아 줄 것이다.'라며 보상을 약속하고 있다.

⑤ 전우치가 왕에게 자신의 요구를 전하는 장면은 [A]에서 황금들보를 대령하라며 자세히 서술되었고, (나)에서는 '그제 제 꿈에 나타나 하명하신 대로 한 치 틀림없이 그리 했습니다.'에서 위선지의 내용을 확인할 수 있다.

정답/오답의 기준

문항 번호	정서/태도 오류	상황(배경) 오류	주체 왜곡	갈등 오류	논리 오류	개념어 오류
	반대 서술, 문맥흐름X	시간적, 공간적배경 오류	주체/대상 오류	내용X, 문맥흐름X	보기 오류	O, X
①						

②

③

④   V

⑤

04

정답해설

⑤ 왕의 명령에 따라 연주되던 음악을 전우치가 바꾸는 모습으로 보아 왕과 전우치 간의 대결이 우열을 가리기 힘든 상황이 아닌, 전우치가 우위에 있는 것임을 확인할 수 있다.

오답해설

① 전우치가 자신의 정체를 드러내며 전우치에 대한 왕의 태도가 급변하여 둘의 갈등 상황이 다른 국면으로 전환된다.

② 전우치가 '생선은 대가리부터 썩는 법'이라고 말했는데, '대가리'는 '머리'를 뜻하는 말로, 지배층을 뜻하고, 부패한 지배층에 대한 비판을 나타낸다.

③ 왕이 전우치가 옥황상제의 아들인 줄 알고 그를 최고의 예우로 대하는 것은 전우치에게 속았음을 뜻하고, 이는 전우치의 정체가 밝혀질 때 갈등이 증폭되는 요인이 된다.

④ 왕이 전우치를 부르는 호칭이 '옥황상제의 아드님'에서 '도사 놈'으로 바뀌었는데, '놈'은 남자를 낮춰 이르는 말로 전우치에 대한 왕의 적대적 인식이 드러난다.

문항 번호	정서/태도 오류 반대 서술, 문맥흐름X	상황(배경) 오류 시간적, 공간적배경 오류	주체 왜곡 주체/대상 오류	갈등 오류 내용X, 문맥흐름X	논리 오류 보기 오류	개념어 오류 O, X
정답/오답의 기준						
①						
②						
③						
④						
⑤				V		

05

정답해설

④ 전우치가 가진 도술을 보여주는 대목이다. 하지만 여러 공간에서 동시에 일어나는 장면은 존재하지 않으므로 여러 공간에서 동시에 일어나는 각각의 장면을 번갈아 보여 주어야겠다는 선지는 부적절하다.

오답해설

① ㉠은 전우치가 등장하는 부분으로 전우치의 위상을 드러내기 위해서는 전우치를 올려다 보는 구도를 통해 그의 위엄을 표현해야 한다.

② ㉡은 전우치가 거울을 깨다 멈추고 어느 한 거울에 집중하는 장면이다. 전우치가 거울에 관심을 갖고 있음을 강조하려면 전우

치의 얼굴이나 커진 눈동자를 화면에 가득 담아야 효과적이다.

③ ㉢에서 천군이 사실은 허수아비로 만든 것임이 드러나는 장면이다. 이 장면에서 왕의 당혹감을 표현하려면 변한 허수아비의 모습을 왕의 시점으로 보여 주어야 한다.

⑤ ㉤은 전우치의 웃음으로 인해 왕이 언짢아하는 부분이다. 이러한 장면을 감각적으로 표현하려면 전우치의 웃음을 효과음으로 길게 표현해야 효과적이다.

문항 번호	정서/태도 오류 반대 서술, 문맥흐름X	상황(배경) 오류 시간적, 공간적배경 오류	주체 왜곡 주체/대상 오류	갈등 오류 내용X, 문맥흐름X	논리 오류 보기 오류	개념어 오류 O, X
정답/오답의 기준						
①						
②						
③						
④					V	
⑤						

수능 1등급 검토진 후기

백인혁
서울대학교 의예과 20학번,
2020학년도 수능 국어 1등급
원점수 98

많은 학생들이 수능 국어 공부에서 기출이 중요하다고 생각은 하지만 왜 중요한지에 대해서는 잘 모르고 있는 것 같습 니다. 기출 지문을 읽고 문제를 풀고, 어떻게 푸는지 기억하는 것만으로 기출 공부를 끝냈다고 생각하는 학생들이 제 주위에도 많았습니다.

우리가 기출을 공부하는 이유는 기출문제에서 적용된 원칙이 올해 수능에서도 적용될 개연성이 아주 높기 때문입니 다. 즉 그 원칙(지문과 문장은 어떻게 구성되는가, 틀린 선지는 어떻게 만들어지는가 등)을 익히는 것이 무엇보다 중요 하다고 할 수 있지요.

이런 의미에서 볼 때 유현주 선생님의 거미손은 아주 탁월한 교재라고 생각합니다. 기출의 지문을 문장 단위로 잘라서 각 문장이 어떻게 연결되는지 보여주고 글을 읽을 때 어떤 부분에서 어떤 생각을 해야 하는지 설명해 줌으로써, 수험생이 '기출 학습'이라는 중요하지만 어려운 작업을 올바른 방법으로 해 나갈 수 있도록 도와줄 것입니다. 거미손에 실린 선생님의 지문 분석과 같은 정도의 생각을 다른 기출 지문을 보면서도 자연스럽고 필연적으로 할 수 있다면 기출 공부를 제대로 했다고 생각할 수 있을 것 같아요. 이 책으로 공부하는 모든 수험생들의 2022학년도 수능을 응원합니다. :)

강민지
서울대학교 경영대학 20학번,
2020학년도 수능 국어
원점수 100

국어 과목은 장기적으로 접근해야 하는 과목입니다. 단순히 풀이 방법만 암기하고 지문을 읽는 방법으로는 고득점을 기대하기 어렵고, 집을 지을 때처럼 기반을 확실히 쌓아두고 그 위로 접근해야 합니다. 기반을 쌓는 방법 중 가장 기본적인 것은 평가원이 출제한 '기출'을 제대로 읽어내는 것입니다. 많은 학생들이 기출을 푸는 것에 있어서 실수를 저지르곤 합니다. 시간 내에 풀어내는 것 또는 맞고 틀리는 것의 여부에만 초점을 맞추고, 평가원이 지문 내에 숨겨둔 다양한 독해원리나 출제포인트 등을 분석하는 데에는 집중하지 않습니다. 기출을 보았다고는 하지만 '훑어본' 것에 그친다면 이는 마치 금융 찌라시를 보고 금융계의 흐름을 전부 파악했다는 것과 같습니다.

20학년도 수능을 마치고 고3 수험생들의 과외를 여럿 진행하면서 기출 분석을 제대로 하지 못하는 것은 학생들이 그 '방법'을 몰랐기 때문임을 알 수 있었습니다. 따라서 저는 학생들과 수업을 진행하면서 거미손 교재로 비문학의 기본을 같이 다지기 시작했습니다. 문장 하나하나가 어떻게 연결되어 있는지, 그 연결이 지문의 흐름에 어떤 영향을 미치는지, 특정 구조의 지문은 어떤 방식으로 읽어야 하는지 등이 세세하게 나와있는 것뿐만 아니라 선생님의 손글씨를 통해 더더욱 빠르게 방법을 터득해낼 수 있었습니다.

거미손 교재로 새롭게 비문학을 공부한 학생들은 지문을 체계적으로 읽을 수 있어 부담감을 덜 수 있다고, 교재를 접하기 전보다 지문을 읽는 속도도 빨라졌다는 후기를 남겨주었습니다. 저 또한 수업하면서 제가 수능을 준비할 때 놓쳤던

부분도 확인할 수 있었고요.

거미손 교재를 통해 2022학년도 수능을 준비하는 수험생 분들이 기출 분석의 새로운 '맛'을 아셨으면 합니다. 기출 분석을 어떻게 시작해야할지 감이 잡히지 않는 여러분들께 저는 감히 거미손을 추천합니다.

윤준영
아주대 의예과 20학번,
19수능 원점수 96
20수능 원점수 98

'거미손'을 공부하시는 모든 분들께.

국어 시험에서 가장 어려운 부분이 무엇이냐, 하면 저는 단연코 '독서'라고 말합니다. 문법은 암기의 도움을 받아 해결할 수 있습니다. 문학은 철저한 EBS 교재의 공부와 기출 선지 분석으로 해결할 수 있습니다. 화법과 작문은 빠른 선지와 내용의 대응을 연습하면 충분히 극복할 수 있습니다. 하지만 독서는, 읽는 단계에서부터 체계적인 내용 정리와 독해 지구력을 필요로 합니다.

'거미손'과 함께라면, 자신도 몰랐던 자신만의 효율적인 방법을 만들어갈 수 있습니다. 유현주 선생님과 함께, 도구를 사용하여 기출 문제에 나온 어려운 지문들을 단순한 구조로 쪼개는 연습을 하는 거예요. 그러다 보면, 시험장에서 자연스럽게 글의 구조를 파악하면서 문제를 효율적으로 풀어가는 자신을 마주하게 될 겁니다.

꼭, 22수능 1교시를 웃으면서 끝냅시다! 파이팅!!

안석빈
원광대 치의예과 20학번,
19수능 5등급 20수능 1등급

거미손은 평상시 독서 지문을 풀 때 아무런 행동이나 생각 없이 풀고, 각 문단마다 중요한 내용을 일관성과 가독성 없이 표시하면서 독해하던 저에게 큰 도움이 되었습니다. 지문을 일관성과 가독성 없이 표시하며 읽는 학생들을 위해 거미손에서 독해 표시부터 정의해 주고, 지문도 따로 현주쌤이 직접 독해 표시해 분석한 분석서도 포함되어 있기 때문에 체화하기에도 매우 좋았습니다.

아마 저와 같이 지문을 일관성 없이 처리하면서 읽던 학생들이라면 더욱 도움이 될 것 같습니다. 거미손 교재는 구성도 매우 컴팩트하게 짜여져 있었습니다. 처음 시작을 바로 지문 단위가 아닌 문장 공부로 시작을 하기 때문에 문장의 기본적인 원리로 주어, 서술어를 찾고 대조, 인과, 예시, 동격, 가정 등으로 문장을 찾아 구분하는 연습부터 할 수 있었습니다. 교재의 이런 구성 덕에 독해의 기본인 문장을 시작으로 다뤄줘 독서 공부를 한결 더 편하게 할 수 있었습니다.

특히, 독학 가능하도록 거미손 문장 분석 학습지도 교재 안에 들어있어서 스스로 학습하면서 체화하기에도 매우 좋았습니다. 또한, 거시와 미시 독해에 대한 학습도 현주쌤이 직접 거시, 미시 가이드를 제시한 분석 지문도 칼라로 포함되어 있어 독학으로 훈련하기에 편했습니다. 여기에 직접 그리신 글의 구조도 분석도 덧붙여, 독서 학습에 필요한 방법들을 빠짐없이 배우고 연습해 체화할 수 있었습니다. 이런 거미손 교재의 특성상, 혼자 독학으로 공부하기에도 매우 좋았기 때문에 더욱 추천드립니다.

김도현

고려대학교 화학과 20학번,
2019, 20수능 백분위 98,
20 6월 원점수 100

수능 국어는 '지문'을 독해할 때부터 승패가 결정 납니다. 하지만 대부분 지문을 제대로 독해하는 법을 알지 못하고 무작정 양치기만 해버리거나 문제에 집중하여 성적이 정체되어있는 경우가 대부분입니다. '거미손 시리즈'는 수능 국어를 처음 시작하는 사람도 볼 수 있도록 지문에 대한 자세한 거시/미시 독해를 제공해 수능 국어 지문을 올바르게 이해하고 정보를 처리하는 방법을 연습할 수 있습니다.

이 문장을 보며 어떤 생각을 해야 하는가, 이런 방식의 정보 제시는 어떻게 처리해야 효율적인가를 제시하여 독해 습관을 교정합니다. 또한, 지문을 읽으며 어떤 것을 지문에 표시해두어야 하는지에 대한 틀을 손글씨를 통해 제시해 일관된 독해 방식을 유지할 수 있습니다. 상위권 학생들을 위한 리트 지문에 대한 분석도 제시해 기출에 익숙한 수험생들도 낯선 리트 지문을 통해 자신의 국어 독해 습관을 점검할 수 있습니다.

거미손에 제시된 독해법은 노력한다면 누구나 빠르게 체화시킬 수 있는 어렵지 않은 독해 방식입니다. 어려운 지문이 출제되고 있는 수능 국어를 거미손에 제시된 일관된 독해법과 표시 방법을 통해 정확하고 빠르게 독해해서 수능이 끝나고 환하게 웃으며 나올 수 있기를 바라겠습니다. 이 책으로 공부하는 수험생 여러분의 입시 성공을 기원합니다.